捕手異論

一流と二流をわける、プロの野球『眼』

里崎智也 著

KANZEN

はじめに

国民的スポーツのひとつとして、「昭和」の時代から親しまれてきた日本のプロ野球は、「平成」の世の移ろいとともに、さまざまな変化を経験した。

93年に導入された「逆指名」や「FA（フリーエージェント）」といった制度改革を皮切りに、04年には「球界再編問題」も勃発。その翌年からは日本シリーズ以外では戦う機会のなかったセ・パのチーム同士が真剣勝負を繰りひろげる「交流戦」もはじまった。07年から両リーグにそろって導入された「クライマックスシリーズ」の盛りあがりなどは、毎年のように消化試合が続出していた「昭和」の時代からすると、隔世の感さえあるだろう。

わずか30年足らずの「平成」の時代に起こった出来事だけをとっても、これほどの〝変化〟があるとなれば、その本質も昔といまでは大きく違う。

野球というスポーツをより主体的に楽しもうと思えば、取りまく環境の変化への〝適応〟を絶えず求められる僕らと同じく、観る側であるみなさんもまた自身の〝視点〟をつねにアップデートしておく必要があるわけだ。

もちろん、野球観を論じた書籍は世のなかにもすでにたくさん存在するし、そこに書かれていることが「間違いだ」などと言う気もさらさらない。

本書にまとめた内容はあくまで、キャッチャーという立場で16年間にわたって、プロ野球に携わってきた僕が、プレーをする当事者のひとりとして実際に感じ、考えてきたことばかり。誰もが疑いの目を向けることのなかった〝球界の常識〟とされる物事にさえ、あえて異を唱えているのも、僕自身が誰より球界の進化・発展を願っているからにほかならない。

なかには「文句ばかり言って！」とあきれる方もいるかもしれない。だが、そんな僕の〝異論〟に、みなさんのもつ野球観が少しでも刺激されるようなら、著者としてこれほどうれしいことはないのだ。

目次

1回表　プロ野球は「曖昧な言葉」であふれている

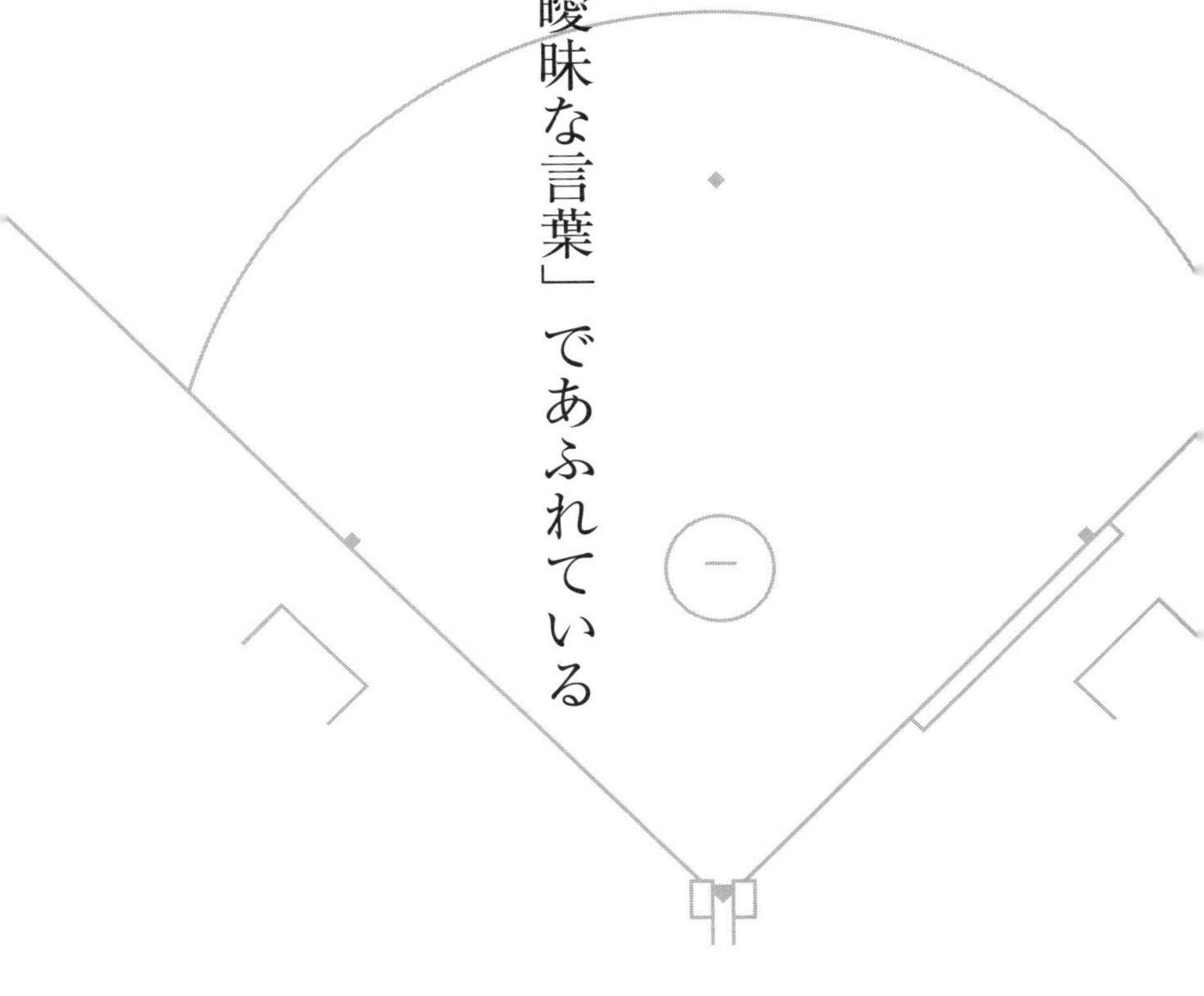

野球界に氾濫する「曖昧さ」への違和感

いきなりで恐縮だが、みなさんはプロ野球の世界でごく普通に使われている言葉の「曖昧さ」に違和感をもったことはないだろうか。

しばしば聞かれる、「強気で攻めろ」（※1）の「強気」とは、なにを指してそう言うのか。「気持ちの差が出た」（※2）ときの「差」とは、いったいどれくらいの量なのか。ピッチャーに対して使われる「もっと腕を振れ」（※3）とは、具体的にどうすることか——。

テレビやラジオの野球中継でもすでに耳なじみのある、こうした〝専門用語〟は、コーチや解説者といった使う側の人たちからすれば、言わんとしていることがなんとなく伝わる便利な言葉ではあるだろう。

だが、元・選手であり、現・解説者でもある僕からすると、こんな抽象的な表現を多用するのは、言ってしまえば、単なる「手抜き」。選手を指導するにせよ、試合の解説をするにせよ、それでお金をもらうプロであるなら、どんな相手に対しても的確でわかりやすい説明をしてみせ

※1　一般的には「果敢にインコースを攻める」ことを指す場合が多いが、アウトコースの変化球で三振をとっても、それを「弱気」とは呼ばない。

※2　「気持ちの差」で勝てるほどプロの世界も甘くはない。むしろ、05年プレーオフでのホークスのように気持ちが強すぎて負けることもしばしばある。

※3　「腕を振れ」と言うだけでは、かえってフォームを崩してしまうピッチャーも少なくない。実際に指示をするなら、「バランスよく」がもっとも妥当。

るのがコーチの役割であり、解説者の仕事だと、僕は思う。

部下に向かって、「今度の案件は強気で頼むぞ」なんていう漠然とした指示しかしてくれない上司のもとでは、みなさんだって働きづらいのと同じように、選手にとっても、「結局、どういう意味？」と言いたくなるような感覚的な言葉しかもたないコーチは厄介なもの。しかも、そういう人にかぎって、選手のほうに「汲みとる」労力を強いていることにまったくの無自覚だったりもするから、余計に始末が悪いのだ。

「これまでとくになんの問題も起きていないんだから、そういうことはなんとなくのニュアンスで伝わっていればいいんだよ」

もちろん、そう思われている方も相当数はいるだろうし、「里崎がまたおかしなヘリクツをこねてるよ」とあきれ顔の方もいるだろう。

とはいえ、よくよく考えてみれば、後述するクロスプレー（※4）をはじめとした野球にまつわる問題の多くは、ルールやセオリーのなかに前述のような「曖昧さ」を介在させてきたことが、すべての元凶。僕にしてみれば、そうした風潮こそが、事が起こるたびに槍玉に挙げられる

※4 「5回裏」（115ページ）で詳しく言及。ルールは厳格化されたが、その線引きに曖昧さも残るがゆえに双方にすっきりしない判定も続発している。

球界全体の体質の「古さ」にも直結しているように思うのだ。

たとえ目上のコーチから指示されたことであっても、「なんで?」と聞きかえして明確な答えが得られないときには、きちんと異を唱えて説明を求める。そういった物事をうやむやにしない姿勢は、どんなに野球の世界が上意下達と言えども、プロである以上はあっていい。

現役時代から「サトは変わっている」とはよく言われたことだが、「それが常識だから」、「ニュアンスでわかれよ」なんていう都合のいい言動をなんのためらいもなく鵜呑みにしてしまうほうが、僕からすれば不思議で「変わっている」ことでしかないのである。

「うまく」だけでは意図は伝わらない

では、実際の試合に「曖昧さ」が介在すると、どうなるか。ここからはみなさんがキャッチャーになったつもりで想像してほしい。

たとえば自分がスタメンマスクの試合前。コーチから以下のような指示が出たら、みなさんはどういう判断をくだすだろうか。

「今日はカーブをうまく使って、リードしてやってくれ」

むろんそれが、「今日はカウント球でカーブを多く使っていこう」といった意味なのか、はたまた「ふだんの勝負球はフォークだけど、今日はカーブを多めにしよう」なのかの説明はいっさいない。肝心かなめの「うまく」の解釈はこちらに丸投げ。コーチの要求はとにもかくにも「うまく」だけだとしたら、果たして正解はなんなのか――。キャッチャーであるみなさんは、大いに悩むことだろう。

だが、答えはいたって簡単だ。前者の「カウント球」を選ぼうが、後者の「勝負球」を選ぼうが、打たれた時点でそれらはともに不正解。

自分自身がどんなに根拠をもって投げさせたボールだったとしても、ひとたび打たれてしまえば、「うまく使えていないじゃないか」と理不尽な怒りをぶつけられるのがキャッチャーの宿命。強いて言うなら、「抑えられるならなんだっていい」が正解ということになるわけだ。

「プロがそんないい加減なことでいいのか」

そう思ったみなさんの気持ちはもっともだ。現役時代の僕も「うまくってなんやねん！」と、何度心のなかで叫んだかわからない。

しかし、僕が16年間を過ごしたのは、そんな理不尽が往々にしてまかり通ってしまうおかしな世界。そこでは「誰が悪い」といったレベルではなく、言うなれば、球界の〝悪しき伝統〟として、「指示」とも呼べないそういった曖昧な物言いが幅を利かせていたのである。

合理的なアメリカ人監督の明快な指示

一方、それらいかにも日本的な「曖昧さ」とは対極にあったのが、僕の〝恩師〟と言ってもいい、ボビー・バレンタイン監督（※5）だ。

たとえば、タイガースと対戦した2005年の日本シリーズ（※6）。第1戦でマスクをかぶった僕は、彼からこんな指示を受けている。

「この試合にかぎっては、金本（※7）への対策として、初球はすべてインコースのまっすぐから入ってくれ。それがストライクかボールかはどちらでもいい。そのあとについてはサトに任せる。でも、各打席の初球だけは必ずインコースのまっすぐだ」

※5　95年および、04年から09年までの計7シーズンにわたってマリーンズを指揮した名将。常識にとらわれないその采配は〝ボビーマジック〟とも称された。NPB通算成績は493勝450敗23分。

※6　プレーオフを制したマリーンズが、トータルスコア33対4という大差で4

これだけハッキリと指示してもらえれば、実際にリードをするうえでも悩む必要はまったくない。そのうえ、もし初球を弾きかえされた場合は監督。そのあとなら僕と、責任の所在も明確だ。

では、これが「うまく」を使った表現なら、どうだろう。

「金本対策はインコースのまっすぐがカギになるから、そのまっすぐをうまく使ってリードをしてやってくれ」

こんな言葉足らずもいいところな「指示」で、プレーする選手に「真意を理解しろ」と言うのは、もはや笑えないギャグでしかない。

しかも、そういったセリフは得てして、指示を出している当事者さえもが「具体的にどうすれば?」という問いへの「正解」を用意することなく、なんとなく発せられている場合がほとんど。具体的な指示さえしてもらえれば、こちらにはいつでもその通りにやる用意があるというのに、その手のコーチたちの口から「うまく」の詳しい説明がなされることは、いっこうにないというのが実情でもあるわけだ。

ちなみに、さきにもふれたように、そうした曖昧な「指示」の行間を

連勝。一度もリードを許さないストレート勝ちは史上初の快挙だった。

※7 現在は監督としてタイガースを率いる金本知憲氏。くだんの日本シリーズでは、上記の〝対策〟も功を奏し、キーマンである金本をチーム一丸で1安打に抑えこんだ。

可能なかぎり汲みとったうえで、キャッチャーがいくら「うまく」やろうとしても、そこに「結果」がともなわなければ、批判の矛先は必ずと言っていいほど、こちらを向く。そういうときにはどうするか――。

現役時代の僕がもしその立場になったなら、リードの根拠としたデータ類を持参したうえで、きっとこう反論するだろう。

「打たれる確率がより少ない選択でしたが、それではダメでしたか?」

具体的な指示がない以上、僕らキャッチャーには、過去のデータやそれまでの経験から最善の方法を導きだすほかに道はない。そして、雄弁に語る数字のまえでは、それを超えうる説得力をもたない彼らも、結局は「サトに任せる」のひと言で引きさがるしかないのである。

曖昧な言動にひそむ「責任回避」の思惑

「ボビーのように指示をもっと具体的にすれば、選手との風通しもよくなるのに、なんで他の指導者はそれをしないの?」

ここまでを読んだみなさんの脳裏には、きっとそんな当たりまえで素

朴な疑問が浮かんでいるのではないだろうか。

むろん、現実にそうなっていってくれることが、プレーする選手にとってはベストだし、僕が知る監督・コーチのなかにも、そうした心意気をもって接してくれる方が少なからずいるのもたしかではある。

だが、何事に対しても責任の所在を曖昧にしがちなのは、プロ野球も一般社会も同じこと。全員がそうとまでは決して言わないにしても、企業で言うところの中間管理職であるコーチが、ある程度の〝保身〟を考えるのは、もはや致し方のないところでもあるのだろう。

明確で具体的な指示を出せば、その責任を負うのは〝言いだしっぺ〟である自分自身。たとえ言動に責任を負うことが球界全体をよくすることにつながるとしても、「それだけは回避したい」という思惑がどこかで働くかぎり、「曖昧さ」は大きな顔をしつづけるというわけだ。

こんなことを書いてしまうと、「そう言うおまえはどうなんだ」というツッコミが入りそうな気もするが、僕自身はこれまでも曖昧な言葉はなるべく使わないよう心がけてきたと自負している。

ボビー・バレンタイン監督からの指示はつねに具体的だった。

たとえば、さきほど挙げた「カーブをうまく」問題を、解説者目線に置きかえたとしても、僕なら「今日はカーブをうまく使えてますねぇ」といった安易な言いまわしを使うことは決してしない。

「今日はカウント球にカーブを多く使ってますけど、それが効果的に決まってストライクをよく取れています。相手打線からすると、そのカーブでタイミングを崩されているところもありますけど、攻略するにはカーブに山を張って打っていくしかないですね」

言わんとするところは同じでも、伝えるべき相手がいる以上はそこまで言葉を尽くすのがプロの解説。僕自身が違和感を抱きつづけてきたからこそ、誰にでもわかる〝結果論〟を、フワッとした曖昧な表現で片づけるなどという「手抜き」にだけはしたくないのだ。

1回裏　捕手が「リード」を語るまえにすべきこと

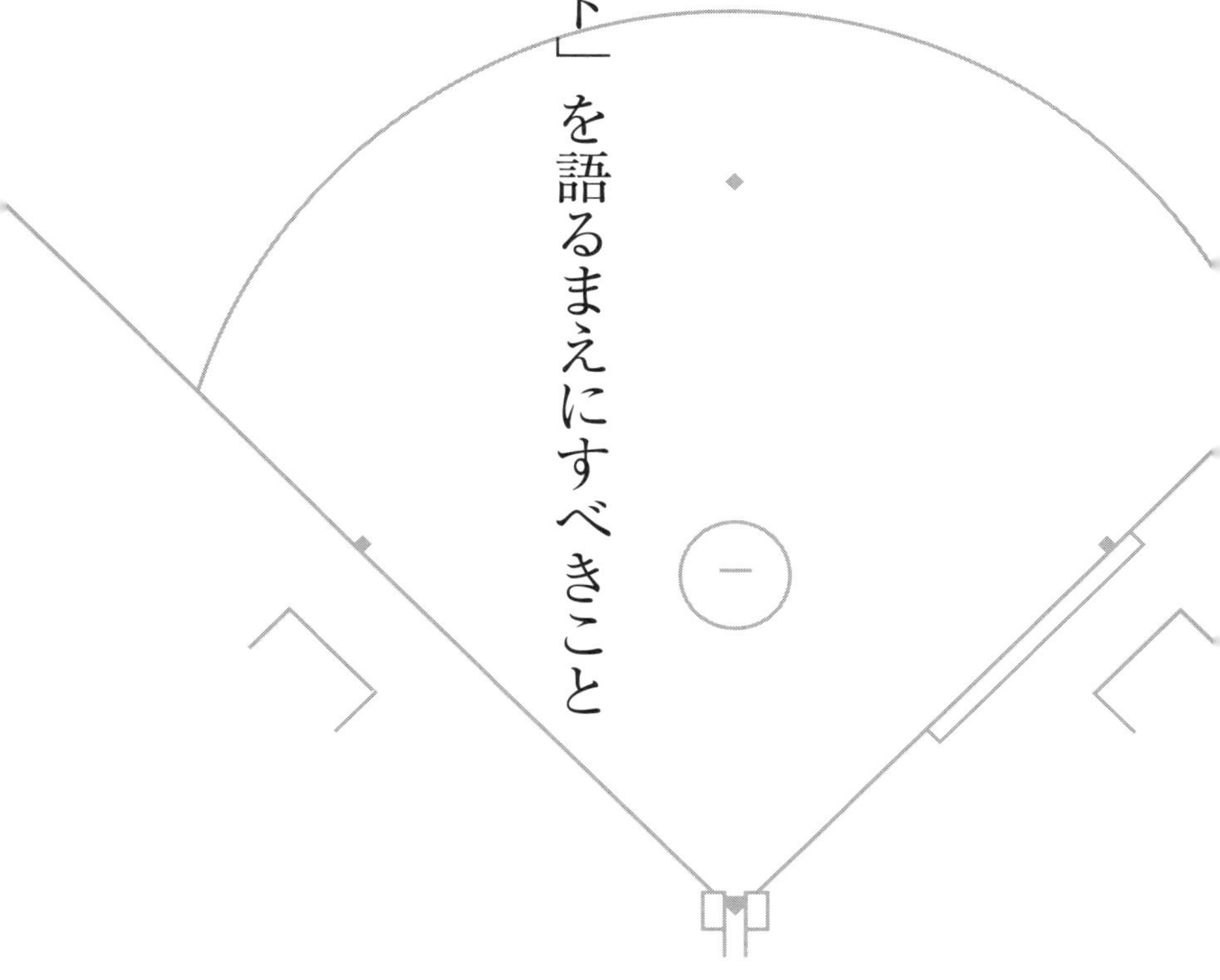

「リードの善し悪しは結果論」の真意

「いいリード（※8）と悪いリードの見わけ方は？」

「12球団でいちばんリードのうまい捕手は誰だと思います？」

解説者として、様々なメディアの取材を受けるようになると、記者さんたちは必ずと言っていいほど、その手の質問を投げかけてくる。

だが、すでにご存じの方も多いように、「リードの善し悪しは結果論でしかない」というのが、これまで一貫して主張してきた僕の持論。

どんなに記者さんの意図を汲みとって、見出しにしやすいキャッチーな回答をしてあげたくても、そこに確たる定義も正解もない以上、「リードがいちばんうまいのは○○選手ですね」などとは、そう簡単には答えられないというのが、正直なところでもあるわけだ。

そもそも、どんなに「リードがいい」と言われているキャッチャーであっても、受けるピッチャーの力量の違いや、その日の彼らの状態、打席に立つ相手バッターの調子いかんによっては「悪い」ときもあるし、

※8 「リード」と「配球」はしばしば混同されるが、両者はまったくの別物。「配球」が言わば〝机上の空論〟であるのに対し、「リード」はそうした配球のデータをベースにしながら、あらゆる条件の変化にあわせて作りあげる実践術。そこには選手個々人の調子や傾向、試合展開から声かけのタイミングにいたるまで、様々な要素が含まれる。

それが何試合も続いてしまうことだって当然ある。

誰もが〝名捕手〟と認めるかの古田さん（※9）が現役だった頃のスワローズでさえ、つねにチーム防御率がリーグトップだったかと言えば、そんなことはまったくなかったのだから（※10）、その一点だけをとっても「いいリード」の基準が、いかに曖昧なものかはわかるだろう。

バカスカ打たれて大差で負けた試合で「キャッチャーはいいリードをしてたんだけどねえ」などと言ってもらえることは100％ないし、完封勝ちを収めた試合で「リードはよくなかったけど、今日はピッチャーに助けられたね」なんて言われることも、まずあり得ない。

つまり、「リードがいい」かどうかの判断基準などというものは、結局のところ、その場、その場の駆け引きであるリードが、チームの勝利に直結しているか否かの「結果」でしかない、ということだ。

キャッチャーがそのリードを称賛されるためには、まず勝つことが大前提。そこからすると、さきにふれた古田さんや谷繁さん（※11）、ジャイアンツの阿部（※12）といった、すぐさま名前の挙がる〝名捕手〟

※9 古田敦也氏。野村克也監督が率いたスワローズで〝ID野球〟の申し子として台頭。1年目の90年から15年にもわたって正捕手の座に君臨した。通算の盗塁阻止率4割6分2厘は歴代トップ。93年にマークした6割4分4厘は現在もNPB記録。15年に野球殿堂入り。

※10 古田氏が正捕手を務めた04年までの15シーズンでチーム防御率がリーグトップを記録したのは、日本一にも輝いた97、01年の2回だけ。初制覇した92年にいたっては3・79でリーグ5位だった。

※11 谷繁元信氏。選手兼任監督として15年まで現役でプレー。16年からは専任

たちが、いずれも複数回の優勝経験をもつ強いチームの正捕手であるのは、単なる偶然ではないのである。

もっとも、ここでの論点は「リードは結果論だから無視していい」なんてことでは、もちろんない。「里崎はリードを軽視している」と思われた方がもしいたとしたら、それは大きな誤解である。

僕が言いたいのはあくまで、明確な定義のない「いいリードとは？」という問いかけにあえて答えるとするなら、それは「勝つリード」と言うほかないという、ただそれだけ。リードそのものが、キャッチャーのもつ資質以外の不確定要素に大きく左右される、ある種のギャンブルである以上、その時々の「善し悪し」をもってキャッチャーの優劣を判断するのはフェアではないし、ナンセンスだということだ。

極端に言えば、キャッチャーの要求したボールがもし、初球からすべてツーシームのみだったとしても、その「結果」として凡打の山を築くことができれば、決してそれは「悪いリード」とは呼ばれない。キャッチャーとは、それほどまでに評価の難しいポジションなのだ。

監督となるも、成績不振を理由にシーズン途中での〝休養〟を余儀なくされた。通算出場試合数3021は歴代トップ。プロ入りから一度も途切れることのなかった27年連続安打、本塁打はともにNPB記録。

※12　阿部慎之助。11年に捕手での連続守備機会無失策1709のNPB新記録を樹立。12年には同じく捕手では歴代最高となる打率3割4分4毛を記録した。13年オフの契約更改では、松井秀喜氏、佐々木主浩氏に次ぐ年俸6億円（推定）にも到達。

「120人の選手データ」が最低ライン

ただ、リードがいくらギャンブルとは言っても、キャッチャー自身が「配球」の技術を身につける努力をすることで、それが「当たる」、すなわち「勝てる」確率をより高めていくことは十分できる。

その第一段階、言わば初級編として、僕が条件に挙げているのが、対戦するバッターの長所・短所、打球方向、カウント別対応の仕方といった各種のデータを、いつ何時、どんなかたちで質問されても、8割方は答えられるようにしておくこと。僕自身の経験から言わせてもらえば、同じリーグに属する5球団の主力選手、おおよそ14人～15人に、交流戦でぶつかる他リーグ6球団のスタメン全員分。合わせて120～130人分のデータは最低限、頭に入れておく必要があるだろう。

たとえ〝寝起きドッキリ〟のような格好で叩き起こされたときや、お酒が入って気持ちよく酔っぱらっているときであっても、「○○！」と名前を言われたら、バッティング傾向から、得意な球種、苦手なコースまで、その選手のあらゆるデータを瞬時にそらんじられる。

そうしたことが自然とできるようになって初めて、1軍レベルのキャッチャーとしてのスタートラインに立てると思うのだ。

もちろん、人間の記憶力には限界もあるから、すべてを完璧に覚えるなんてことは現実的に考えても、ほぼ不可能だと言っていい。

だが、だからと言って、それらのデータをいちいちメモに取っているようでは、いつまで経っても半人前。ミットを構えているその瞬間にはノートを見ているヒマなどないのだから、そこは自分のもてる力を総動員してでも、脳みそのなかに叩きこんでいくしかないのである。

「計画・実行・反省」の3ステップ

ところで、「リードにおいてもっとも重要なポイントはどこか」と聞かれたら、みなさんはなんと答えるだろうか。

さきほど僕は「その場、その場の駆け引き」と書いたが、それだけがリードかと言えば、答えはノー。むしろ、そうした駆け引きが必要な場面で優位に立つための下準備こそがリードの肝だと、僕は思う。

打席に迎える個々のバッターをどのように攻略するかを、まず「計画」して、今度はそれを「実行」に移し、その結果をしっかり「反省」して、いかに次へとつなげていくか――。

エンドレスで繰りかえされるこの「計画」「実行」「反省」の3ステップによって、自分の引きだしのなかにある「配球」の選択肢を、より最善のものへとブラッシュアップしていくことが、リードの向上、つまりは「勝つ確率を高めるリード」への最短ルートというわけだ。

では、そこでもし「配球」に必要なデータの蓄積が当のキャッチャー自身になかったとしたら、果たしてどうか。

準備不足が露呈した時点で、駆け引きという名の「計画」はたちまち頓挫し、たいした考えもないまま「実行」を繰りかえしたところで、そこには当然、「反省」の材料などなにひとつ残らない。

実戦を経験したことによる多少の上積みはあっても、それらを裏打ちする根拠や確固たるプランがなければ、その選手は遅かれ早かれ致命的なボロを出すことになるはずだ。

本来的な意味での「リード」のアップデートには、情報量の多さがモノを言う。だからこそ僕は、ともすれば膨大とも思える１２０人分の選手データのインプットを「初級編」と呼ぶのである。

象徴的だったG小林誠に対する風当たり

ちなみに、12球団の戦いぶりを見渡すと、２０１６年のシーズン終了時点で規定打席に到達したキャッチャーは、ジャイアンツ・小林誠（※13）ただひとり。出場70試合に終わった15年から一転、開幕からほぼ全試合でスタメンマスクをかぶりつづけた彼の存在は、僕の言う「リードの善し悪しは結果論」を裏づけるものとして象徴的だ。

チームはリーグ優勝こそ逃したものの、最終的には2位をキープしたうえ、チーム防御率も３・４５と及第点。シーズン中盤まで4割を超えていた盗塁阻止率は、死球骨折による戦線離脱の影響もあって3割5分6厘と大きく下げたが、それでも数字のうえでは12球団トップの堂々たる成績だったのだから、客観的にみても、小林誠はキャッチャーとして

※13　小林誠司。広陵高、同志社大、日本生命を経て、13年にドラフト1位で入団。高校時代は野村祐輔（現・カープ）とのバッテリーで夏の甲子園の準優勝も経験した。16年シーズンは死球による左肩の骨折で一時、戦線を離脱するも、最終的には１２９試合に出場して、捕手では唯一の規定打席に到達。17年3月の第4回ＷＢＣでは、全試合でスタメン出場を果たし、打率４割５分、１本塁打、６打点と

十二分に「仕事をした」と言っていい。

だが、そんな彼の評価がどうだったかと言えば——。

チームが快進撃をつづけていた4月の時点では多数を占めていたはずの「格段にリードがよくなった」といった肯定的な意見は、5月の終わりに喫した7連敗（※14）で一変。交流戦がはじまるころには、ちょうど同じタイミングで復帰した阿部の〝捕手待望論〟まで飛びだし、「やはり小林では力不足」と言わんばかりの雰囲気すら漂った。

チームの調子に比例してわずか2カ月のあいだに乱高下したこの小林誠に対する評価の変わりようこそが、まさしく「勝つリード＝いいリード」である証左。〝侍ジャパン〟屈指の〝ラッキーボーイ〟ぶりを発揮したさきの第4回WBCでも、その活躍によって、当初はあった「なぜ選出されたのか」といった批判的な声がピタリとやんだように、もし彼がペナントレースにおいても、チームを優勝に導くようなことにでもなれば、おそらく周囲は手のひらをかえして、「それぐらいはやれると思っていた」などと、ふたたび褒めたたえることになるはずだ。

活躍。〝ラッキーボーイ〟ぶりで名を馳せた。

※14 16年5月21日のドラゴンズ戦から28日のタイガース戦まで泥沼の連敗がつづくも、翌日の同カードと、直後にスタートした交流戦で6連勝を飾って一時は首位にも浮上するなどV字回復をみせた。

第4回WBCで正捕手を務めた小林誠。今後どのような成長を見せるのか。

もちろん、くだんの小林誠と阿部のどちらが「いいキャッチャー」かと問われれば、それは一も二もなく経験豊富な阿部だろう。

しかし、さきにも述べたように、キャッチャーとは実戦のなかで「計画」「実行」「反省」をくりかえすことでしか技術の向上を図れない特殊なポジション。調子の悪いときでも否応なしにマスクをかぶらなくてはならない〝正捕手〟になって初めて学べることも少なくない。

ただでさえ、球界全体が深刻なキャッチャー不足に陥っているいまだからこそ、確たる根拠のない「リードの善し悪し」に一喜一憂するのではなく、発展途上の若きキャッチャーたちが、失敗からなにを「反省」して、次にどう活かしていくのかに注目したいところだ。

2回表　慢性的な「正捕手不足」はなぜ起きる？

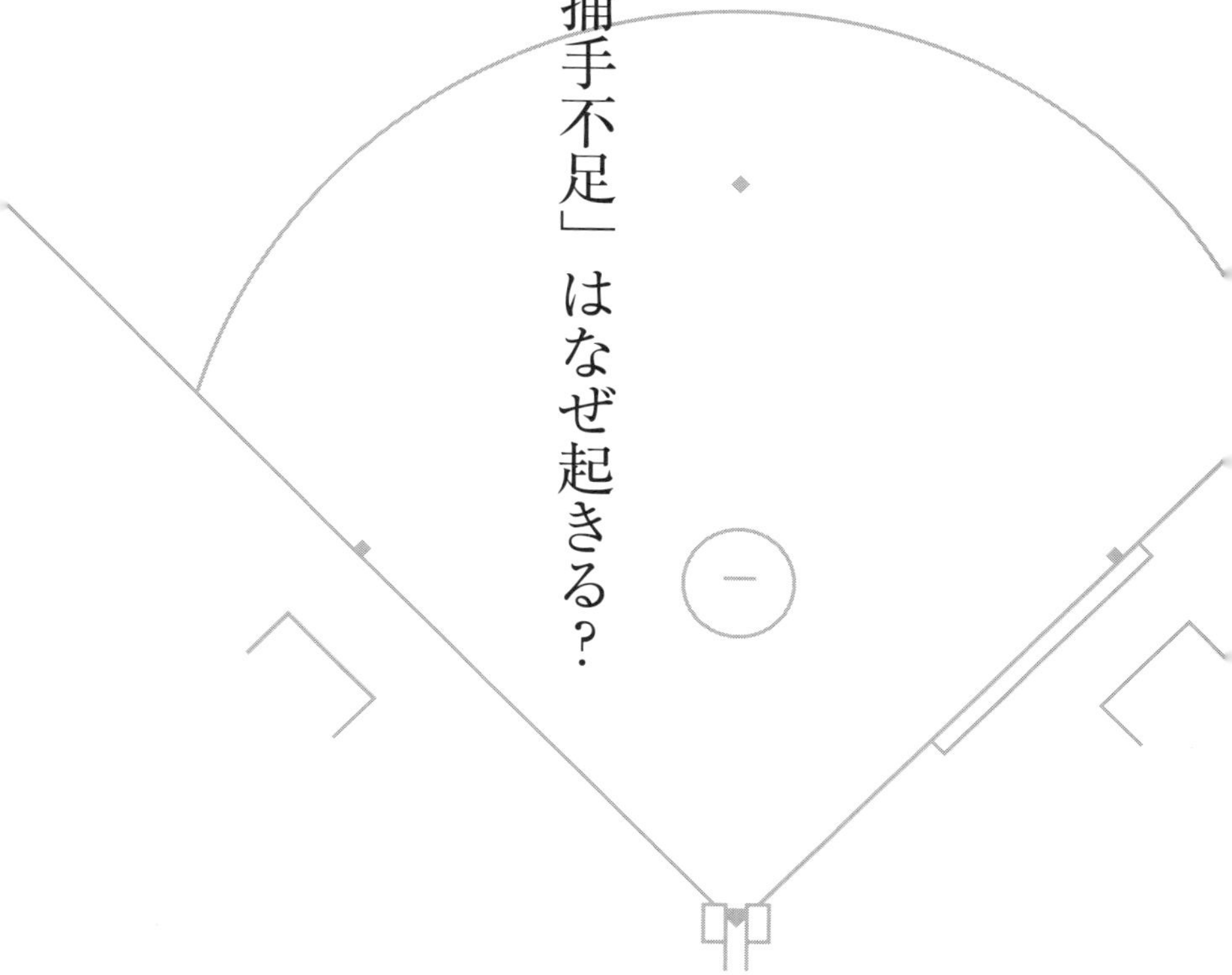

捕手育成とチームの勝利は両立しない

不動の〝正捕手〟の育成――。

これは、いま現在のプロ野球において、ほとんどすべてのチームに当てはまる懸案事項と言えるだろう。

なにしろ、2016年のペナントレースで、シーズンを通してキャッチャーをほぼ固定できていたのは、前章でもふれた小林誠のいるジャイアンツのみ。それ以外のチームでは、鶴岡(※14)、髙谷(※15)、細川(※16)をその時々で使いわけたホークスをはじめ、実に7チームで3人以上の併用体制が敷かれていた。

では、各球団はなぜそうまで正捕手の固定に苦慮するのか――。そこには大きく言って、ふたつの要因があると僕は思う。

まず第一に考えられるのが、チームを託された指揮官たちには「選手を育てる」ことよりもさらに優先すべき、「勝たなければならない」という至上命令が存在するということだ。

※14 鶴岡慎也。樟南高、三菱重工横浜を経て、ファイターズの入団テストを2度受験。02年のドラフトで8巡目指名を勝ちとった。06年以降は、ダルビッシュ有(現・レンジャーズ)の〝専属捕手〟を足がかりに主力へと成長。14年からはFAで移籍したホークスで活躍する。

※15 髙谷裕亮。06年大・社ドラフト3巡目。高校卒業

そもそもチームにとっての選手は、ドラフトで獲得した時点で、将来性への対価として安くないお金をすでに支払っている〝金の卵〟。そうした先行投資の元をとるという意味でも、その成長を願わない首脳陣はひとりもいないし、彼らが生えぬきの主力としてチームを引っぱる存在にまで育ってくれることを、誰もが望んではいるはずだ。

だが、現場のトップたる監督自身がどんなに「○○を正捕手として一人前にしてやりたい」と思っていようと、当の本人が「結果」を出せずにクビになってしまっては元も子もない。

チームの成績いかんが、選手より先に自分の進退に影響を及ぼす可能性がある以上、監督にしてみれば、たとえそこに〝保身〟の気持ちがなかったとしても、「勝利>育成」の優先順位はそう易々とは変えられないというのが、偽らざる本音でもあるわけだ。

もちろん、ぶっちぎりで首位を独走するぐらいにチーム状態がすこぶるよいときであれば、「負け」のリスクを度外視して、育成に重きを置いた起用を優先させることもできるだろう。

後、社会人・富士重工から、1年間の浪人生活を経て、白鴎大に進んだ異色の経歴をもつ。15年に細川、鶴岡の移籍組が離脱したことでチャンス到来。自己最多の93試合に出場して、チームの日本一にも貢献した。

※16 細川亨。青森北高、青森大を経て、01年の自由枠でライオンズに入団。伊東勤(現・マリーンズ監督)が引退した03年以降、正捕手として活躍した。10年オフにFAでホークスに移籍。故障の影響などもあって、16年は移籍後最少となる49試合の出場にとどまった。オフに自由契約となり、17年からは地元・東北のイーグルスで心機一転を図る。

しかし、クライマックスシリーズ（ＣＳ）もある現状では、どのチームにもそこまでの余裕はなかなかない。それが順位変動の激しいシーズン序盤ともなればなおさら、指揮官としてはより確実性の高い選択肢を選ばざるをえないというのが実情でもあるのである。

ちなみに、こうした傾向に例外があるとすれば、現実的な選択肢がなくなって、「もう○○しかいない」という消去法による大義名分が立つときか、さもなければ、守備の粗さやリードのマズさには多少目をつぶってでも、そのキャッチャーが「打つ」ときだけ。

15年シーズンには小林誠の固定を早々にあきらめたジャイアンツが、一転して彼を使いつづけたのは、本人の努力はもとより、阿部という選択肢を故障で欠いたという前者によるところが大きいし、タイガースが梅野（※16）に代えて原口（※17）を重用したのはまさしく後者。

捕手の成績いかんによって打線の厚みが大きく変わるＤＨ制のないセ・リーグで、しかも勝つことがなかば〝義務〟ともなっているジャイアンツやタイガースのような人気チームでは、他球団以上に「勝ちなが

※16 梅野隆太郎。福岡工大付城東高から福岡大を経て、13年のドラフト4位でタイガースに入団。10年に引退した矢野燿大氏（現・1軍作戦兼バッテ

ら育てる」という両立しがたいジレンマを抱えながらの戦いを余儀なくされているというわけだ。

育成環境に大きく影を落とす指導者不足

一方、もし仮に監督が自らの進退を賭けてまで、「○○を正捕手に育てる!」という決断をしたとしても、そこに「勝つ」ためのイロハを教えてくれるコーチがいないようでは、育つものも育たない。

僕の考える〝正捕手不在〟のもうひとつの大きな要因。それがこの需要と供給の不均衡、ミスマッチからくる指導者不足の問題だ。

そもそもの前提として、〝正捕手〟というのは、同時に複数のレギュラーが存在している内外野とは異なり、どのチームにもたったひとり。しかも、一度レギュラーをつかんだキャッチャーは、故障さえなければ、その後もだいたい10年前後は第一線で活躍する。

だとすれば、おおまかに言って、経験者は10年間で12人。そのうち、伊東さん(※18)や古田さん、谷繁さんあたりの「球界を代表する」と

リーコーチ)以来の〝打てる捕手〟として期待される。自動車学校教官からのプロ転身で話題を集めたマリーンズの信樂晃史は、大学時代にバッテリーを組んだ同級生。

※17 原口文仁。帝京高から09年のドラフト6位でタイガースに入団。相次ぐ故障の影響で、12年オフから育成契約となるも、16年4月27日付で支配下登録。同日のジャイアンツ戦で7年目にしてプロ初出場・初安打をマークした。その後もクリーンアップを任されるなど大爆発。5月には野手の育成経験者としては史上初の月間MVPも受賞し、最終的にも、出場107試合で打率2割9分9厘、11本塁打の好成績をマークした。チームOBの城島健司氏を師と仰ぐだけあって、プレースタイルがよく似ている。

形容されるような超一流クラスは、そのまま監督になるケースが大半であることを考えれば、指導者になりうる人材は、10年スパンでもほんの数人しかいないと言って差しつかえはないだろう。

誰もが「キャッチャーには経験が必要」と口をそろえる特異なポジションであるにもかかわらず、後進を育てる指導者の側に、その「経験」をもつ人がほとんどいない（※19）。そんなキャッチャーを取り巻く不条理な現実こそが、いっこうに正捕手が育ってこない昨今の危機的な状況に大きく影を落としているというわけだ。

もちろん、「名選手、名監督にあらず」といった言葉もあるように、実績のある選手が必ずしも優秀な指導者とはかぎらないし、「捕手・里崎智也」の基礎を作ってくれた恩人でもある山中さん（※20）のように、そこまでの実績はなくとも、若手育成のスペシャリストとして卓越した能力を発揮されている方もたくさんいる。

だが、こと〝正捕手〟にかぎって言うなら、最後にモノを言うのはやはり「経験」。球団が〝10年安泰〟のキャッチャーを本気で育てようと

※18　伊東勤氏。ライオンズに黄金時代をもたらした球史に残る名捕手。出場2379試合は捕手部門で歴代3位。ゴールデングラブ賞11回は、歴代最多12回の福本豊氏に次ぐ偉業となっている。13年からマリーンズの監督を務め、著者自身も引退までの2シーズンは彼のもとでプレーした。

※19　17年シーズンの開幕時点で、合計30名近くいる12球団のバッテリーコーチ（ヘッドコーチなど他ポストは除く）のうち、捕手として通算1000試合以上の出場経験があるのは、ホークス2軍の的山哲也氏と、ドラゴンズ1軍の田村藤夫氏。タイガースの1軍で作戦コーチを兼ねる矢野燿大氏の3名のみとなっている。

※20　山中潔氏。79年ドラフト

思うのであれば、教える側にもそれに見あうだけの実績をもつコーチを配置するほうが絶対にいいと思うのだ。

一度も優勝経験のないコーチに、CSや日本シリーズのような短期決戦の「勝ち方」を教えることはできないし、送球イップスが原因でキャリアを終えたコーチからは、スローイングの極意は学べない。

僕自身のコーチング論についてはあとの章で詳述するが（※21）、せっかくプロの世界にまでたどり着いた逸材たちの芽を、コンバートという安易な手段でみすみす摘んでしまわないためにも、コーチの適性、能力の見極めには、もう少しセンシティブになっても損はない。

不動の「正捕手」と呼ばれるためには

では、現在進行形でプレーをしている若手キャッチャーたちが〝正捕手〟と呼ばれる存在となるには、なにをするのが近道か――。

僕自身の経験から言わせてもらえば、その答えはひとつ。まずは守備よりも打撃。とにもかくにも「打つ」ことだ。

4位でカープに入団。〝ポスト達川光男〟として期待されるも、正捕手定着はならず。その後は2番手として、4球団を渡り歩いた。古巣のファイターズとマリーンズでコーチを歴任。現在はカープ在籍時の監督だった古葉竹識氏の後任として、東京国際大を率いる。

※21 「7回裏」（163ページ）を参照。コンバートについては次章で言及。

何度も言っているように、キャッチャーの「リード」は、投手陣の陣容やチームの成績といった、さまざまな不可抗力に左右される相対的な評価でしかないし、そのリードは、1軍の試合に出場して実戦データをアップデートしていくことでしか向上を望めない。

だとするなら、自分自身が「打つ」ことで、試合自体に出る機会をより多く得たほうがレギュラーの座に近づくのは必然。そのうえで、試合の終盤になっても簡単に代打を送られない――具体的に言えば、最低でも打率2割5分以上、またはホームラン10本以上をキープできるような存在になれば、それこそが攻守にわたってチームの勝利に貢献する不動の〝正捕手〟の姿と言えるだろう。

「里崎さんの後継者により近いのは、田村（※22）と吉田（※23）のどちらだと思いますか？」

僕自身が引退したばかりの頃は、マリーンズファンの方々からよくそういった質問も受けたが、むろんこれも僕にしてみれば「そのとき打っているほう」と答える以外にはない事柄。

※22　田村龍弘。光星学院高（現・八戸学院光星高）から、12年のドラフト3位でマリーンズに入団。2年目以降、正捕手候補の筆頭として台頭した。16年は、交流戦で3割5分2厘と打ちまくって6月

現時点では、田村が頭ひとつ抜けている感があっても、たとえばそこで3番手の江村（※24）がタイガース・原口のように突然ブレイクするようなことにでもなれば、そのときは否応なしに「江村」だし、育成枠からすぐさま支配下登録をつかんだ柿沼（※25）あたりが彼らに取って代わることだって可能性としてはなくはない。

キャッチャーに不可欠な「捕る」＝キャッチング、「投げる」＝スローイング、「止める」＝ブロッキングの基本的なスキルが、1軍でもそれなりに通用するレベルに達しているという大前提はあっても、明暗をわけるのは、結局のところ「打てる」かどうかの違いだけ。

歴代の〝名捕手〟と呼ばれる選手たちが、そろって「打てる捕手」であったことからもわかるように、守備の技術がいくらほかより秀でていようと、「打てる」ことのほうがつねに付加価値は上なのだ。

だからこそ僕は、キャッチャーとしての技術云々ではなく、〝打率〟という目に見える「結果」を残したキャッチャーにこそチャンスを与えるのがもっとも合理的だと、声を大にして言うのである。

の月間MVPを受賞するなど劇的に打撃が向上。自己最多の130試合に出場した。高校時代には、同期の北條史也（現・タイガース）らとともに、甲子園で3季連続の準優勝を果たした経験をもつ。

※23 吉田裕太。日大三高、立正大を経て、13年ドラフト2位で入団。即戦力として期待がかかるも、現状では田村の後塵を拝す格好となっている。同僚である関谷亮太は高校時代にバッテリーを組んだ間柄。球界屈指のハロプロ好きとしても有名。

※24 江村直也。大阪桐蔭高から、10年のドラフト5位で入団。1軍に初昇格した13年こそ64試合に出場も、その後は機会が減少。16年も2軍では結果を残しながら、3番手に甘んじた。元スワローズの左腕で、17年から四国IL・

17年シーズンから著者の現役時代の背番号『22』を引き継いだ田村龍弘。

香川で投手コーチを務める江村将也氏は実兄。

☆

ちなみに、そうした競争から一歩抜けだし、仮にほぼ全試合でスタメンマスクをかぶった選手がいたとしても、それがさきに述べた「〇〇しかいない」といった消去法での起用であるうちは、〝正捕手〟とは言いがたい。しかもそこで、当の本人が「抜かれたらどうしよう」などと不安や恐怖を募らせているようでは、キャッチャーとしても半人前だ。

僕に言わせれば、〝正捕手〟に必要なものとは、他人の成績や評価を意識することなく、「チームでトップなのは俺」という揺るぎない自信がもてるかどうか。みなさんの視点に言いかえれば、「あいつで負けたらしょうがない」と思ってもらえるかどうかの、その一点。

現実問題としてベストナインやゴールデングラブ賞を競いあうことになる他チームのキャッチャーならともかく、チーム内の同僚にライバル意識のベクトルが向いているうちは、どんなに試合数を重ねて実戦経験を積もうと、「まだまだ」なのである。

※25 柿沼友哉。誠恵高、日大国際関係学部を経て、15年育成2位で入団。強肩巧打の〝打てる捕手〟として期待される。2軍での活躍を受けて、16年7月に支配下登録。背番号も3ケタの「122」から「99」に変更となった。同年10月にメキシコで開催された『WBSC U-23ワールドカップ』の第1回大会では、「憧れ」と公言する著者の背番号「22」をつけて、全9試合に正捕手として出場。日本代表の初優勝を牽引した。

2回裏　安易な「コンバート」が人材難を助長する

捕手は「打てなくていい」の免罪符

「キャッチャーは打てなくてもしょうがない」

プロ野球には、いまも昔もどこかそんな雰囲気があるように思う。

打順はたいてい8番で、打率は2割に届けばいいほう。セ・リーグであれば、下位打線で必ずアウトふたつは計算できる。それが、みなさんの思い浮かべる打線のなかでの一般的なイメージでもあるだろう。

だが、高校野球をはじめとしたアマチュア野球では「4番・キャッチャー」なんて選手はむしろザラ。16年5月の月間MVP獲得で「打撃開眼」などと、にわかにメディアの注目を集めたマリーンズの後輩・田村にしたって、高校時代は強打で鳴らす青森・光星学院の主軸として3季連続の全国準優勝を果たした甲子園のスターである。

本来であれば、ほかの野手たちと同等の「打てる」素質をもっているにもかかわらず、キャッチャーだけが周囲からの「しょうがない」を免罪符にして、「打てなくてもともと」の選手になっていく――。

そこから生まれる「守備さえしっかりやってくれれば、バッティングはあとまわしでもいい」といった空気感こそが、前章で取りあげた〝正捕手の不在〟にも通じる、球界レベルでの「打てないキャッチャー」の増加を招いているのだと、僕は思う。

もっとも、ポジションの性質から言っても、キャンプなどではどうしたって、守備練習がメイン。ほかのポジションと比べれば、バッティングに割ける時間が物理的に少ないというハンデはたしかにある。

若手キャッチャーたちを待つ「捕る」「投げる」「止める」の基本スキルを身体に覚えこませるための反復練習は、同じ道をかつて通った僕自身でさえ「二度とやりたくない」と思えるほど過酷なものだ。

しかし、そうした状況に「しょうがない」と甘んじてしまっているようでは、その先の成長は見こめない。そもそも、「守備さえしっかり」こなすのはプロとして当然。「あとまわしでもいい」にしたところで、決して「やらなくてもいい」ではないのである。

僕に言わせれば、正規の時間内に打撃練習が満足にできないのなら、それ以外の時間を創意工夫して〝自主練〟に励めばいいだけのこと。ほかの野手と同じだけ打席に立つ〝正捕手〟を目指すなら、「守る」ことはもちろん、「打つ」ことにもしっかり気を配るべきなのだ。

自分なりの〝打法〟で劣等感を克服

ただ、こうしてエラそうなことを言っている僕にしたところで、最初から打てたわけではもちろんない。古くからのマリーンズファンのなかには、ようやく1軍の試合に出はじめたころの僕のバッティングが、どれだけポンコツだったかをご記憶の方も多いだろう。

なにしろ、シーズン開幕戦で初めてスタメンマスクをかぶった02年シーズンなどは、たったの12試合にしか出られず、25打席でヒットはわずかに1本（※26）。打率にいたっては、0割4分3厘というありさまだったのだから、もうなにをか言わんや。

古田さんや矢野さん、谷繁さんに同学年の城島（※27）といった、「打って守れる」錚々たるキャッチャーたちがまだバリバリの現役として活

※26　4月3日のホークス戦で先発・山田秋親（現・びわこ成蹊スポーツ大野球部コーチ）から放ったプロ初ホームランがこの年の唯一のヒットに。

躍していた当時は、それこそ劣等感しかなかったほどだ。

では、そんな僕がいかにして「打てる」ようになったのか――。

いまでも鮮明に覚えているが、きっかけは03年。いつものようにベンチでしていたなにげない会話のなかで、当時ライオンズから移籍してきたばかりだった原井さん（※28）が、「伊原さん（※29）が言っていた」と教えてくれたこんな言葉が、やけに心に響いたのだ。

「来えへん球を待ってても一生打たれへん。ちょっと頭使って考えて、狙い球を絞って打ったら1割は打率上がるぞ」

そのひと言で考え方をあらためた僕は、自分自身をその都度省みることはもとより、相手バッテリーのクセや傾向も必死に研究。狙い球を絞るべく、まさに「頭を使って」試合にのぞむようになっていった。

その結果、78試合と出場機会も大幅に増やしたこの年は、「1割」どころかほぼ3割アップの打率3割1分9厘（※30）。そして、この劇的なバッティングの向上が、ちょうど翌年に発足することになる第2次バレンタイン政権での〝抜擢〟にもつながることになったのだ。

※27 城島健司氏。MLB初の日本人捕手としても活躍した、球史に残る〝打てる捕手〟。ホークス時代の03年には史上初の快挙だった〝100打点カルテット〟の一翼も担った。12年にタイガースで引退して以降は、釣り好きが高じて、自身がMCを務める冠番組をもつまでに。

※28 原井和也氏。箕島高、松下電器（現・パナソニック）を経て、95年のドラフト5位でライオンズ入団。現役時代は、内野の守備固めでの起用が主だった。04年にマリーンズで引退。現在はクラブチーム『和歌山箕島球友会』でヘッドコーチを務める。

※29 伊原春樹氏。黄金期ライオンズの〝頭脳〟とも称された名参謀。その後もジャイアンツなどでコーチを歴任。ライオンズで2度、04年にはブルーウェ

「本当にそんなうまくいくものなの？」

そう言って、僕の考えをいぶかしむ人は少なからずいるだろう。

もちろん、人対人の勝負に「絶対」などということはありえない。どんなにこちらが頭をフル回転させたところで、実際には〝当たるも八卦、当たらぬも八卦〟。まったく打てないことだって当然ある。

だが、どんなに〝巧打〟と呼ばれるバッターでも、10回打席に立てば、7回は必ず失敗するのがバッティング。「こうなりたい」という理想はあっても、それが現実にできないのであれば、違う方向からアプローチして、その成功率を少しでも上げる努力をするしかないのである。

まっすぐを待っているところに来たフォークにもすんなり対応できる能力が最初から僕にあれば、なにも苦労はなかっただろう。

そうした能力のなさに対する自覚があったからこそ、僕は自分のバッティングのクオリティを下げてでも、もてるポテンシャルをもっとも発揮できる〝当たるも八卦打法〟に懸けたのだ。

ちなみに、いくら〝当たるも八卦〟だからと言って、ロクな考えもな

ーブでも監督も務めた。現役時代は三塁手。

※30 規定打席には未到達ながら、213打数68安打、8本塁打。長打率では5割1分2厘をマークするなど、同年の活躍が本格ブレイクのきっかけに。

しに決め打ちをするのは愚の骨頂。同じ凡退をするにしても、そこには根拠となる〝理屈〟が当然、必要にはなってくる。

裏をかえせば、「このピッチャーなら、このカウントのときは、何%はこのボール。だから、それを狙いに行った」という説明がしっかりできるのであれば、たとえ逆を突かれて三振してもオーケーということ。

「これが自分のスタイル。でも、当たったら打つよ」

そう思える〝信念〟があるなら、ワンバウンドのクソボールを振って三振するのも、ド真ん中を見逃すのも、同じアウトひとつ。そこにはただ「待っていたボールが違った」という事実があるだけだ。

☆

「狙い球を絞って打つだけで、里崎のように打率が劇的に上がるなら、ほかのキャッチャーもやればいいじゃないか」

これを読んだみなさんは、おそらくそう思ったことだろう。

だが、得てして人は迷う生きもの。瞬時の判断力が試される場面では、僕のように「仕方ない」と割りきれるほうが少数派だと言っていい。

むろん、日頃から訓練を積んでいるキャッチャーになら、相手ピッチャーのデータをもとに「配球を読む」ことぐらいは容易にできる。

しかし、そうした情報量の多さがかえって選手の心に疑心暗鬼をもたらし、「バカ正直に自分を信じる」という、誰にでもできる簡単なことをむやみに難しくしてしまうのだ。

自分が「コレ！」と信じている以上、100人のうち99人に文句を言われても、僕ならなんとも思わない。言いかえれば、それぐらいの割りきりができたからこそ、いまの僕はあるのである。

野手への「コンバート」は最終手段

それともうひとつ、「打てないキャッチャー」が増えた大きな要因としては、安易な「コンバート」（＝野手転向）のもたらす弊害についてもふれないわけにはいかないだろう。

もちろん、ここではコンバート自体が「悪い」と言うつもりは決してない。15年に引退された小笠原さん（※31）や和田さん（※32）は、野手へと転向したからこそ、あれだけの大打者へと登りつめることができたわけだし、その適性を見極めることもプロとしては重要な要素。

17年シーズンで言えば、ファーストでの起用が明言されているタイガース・原口がそうだし、いまやチームの主力でもあるファイターズの近藤（※33）やイーグルスの岡島（※34）にしたって、キャッチャーだけをやっていては芽が出なかった可能性は十二分にあるだろう。

だが、まだ若い彼らに早々と〝キャッチャー失格〟の烙印を押してしまうということは、極端に言えば「教えているほうに能力がない」と言ってしまっているのと同じこと。故障やイップスといったやむをえない理由がある場合はべつにしても、ロクに実戦経験も積まないうちから見切ってしまうのは、いかにももったいないことだと僕は思う。

コーチからすれば「必要なことは教えたのに、身につかなかった」からこその判断なのかもしれないが、それらが結果的に本人の「身につい

※31 小笠原道大氏。00年代のパ・リーグを象徴する強打者。ファイターズ時代の99年に〝バントをしない2番打者〟としてブレイクし、その後も数多のタイトルを獲得した。ジャイアンツを経て、ドラゴンズで引退。現在はドラゴンズの2軍監督を務める。プロでは98年のみ捕手登録だった。

※32 和田一浩氏。小笠原と並び称される捕手出身のスラッガー。ライオンズ時代の01年までは捕手登録で、同年の開幕戦では松坂大輔の女房役にも抜擢された。07年オフにFAでドラゴンズへと移籍。2000本安打を達成した15年かぎりで引退した。現在は野球解説者。

※33 近藤健介。横浜高から11年のドラフト4位でファ

狙い球を絞って打席に立つようになると、打率が上がりはじめた。

ていない」のであれば、教えていないのと変わらない。

いわゆる「守れるけど、打てない」、「打てるけど、守れない」キャッチャーを、ともに「打てて守れる」ようにまで育ててあげるのが、バッティングコーチやバッテリーコーチの〝指命〟である以上、本人がなにかしらの手ごたえをつかめるまで、手を替え品を替えてでも、辛抱強く教えつづけることが本来果たすべきコーチの役割と思うのだ。

考えてみれば、コンバートはつねに〝扇の要〟と呼ばれるキャッチャーから、外野方向への一方通行。それ以外は、せいぜい外野手がファーストを兼任するケースぐらいのものだろう。いざというときにキャッチャーが内・外野の〝代役〟を務めることはできても、ヘタをすれば試合を壊しかねないその逆は、まず不可能だと言っていい。

それほど替えの利かないポジションであればこそ、「コンバート」という選択にはもっと慎重になってしかるべき。同じキャッチャー出身者としては、とことんまで指導を尽くして、「もうこれ以上はないよ」という局面になって初めて切られる〝切り札〟であってほしい。

イターズに入団。打撃に開眼した15年は、リーグ3位となる打率3割2分6厘をマークした。選手登録は17年シーズンも捕手のままだが、試合への出場はDHや外野手がメインとなっている。

※34 岡島豪郎。関東学園大付高、白鴎大を経て、11年のドラフト4位でイーグルスに入団。ルーキーながら1軍定着を果たし、〝ポスト嶋〟との期待もされたが、14年に野手転向。同じ捕手出身の銀次につづくチーム屈指の〝安打製造機〟として活躍する。

3回表　相性優先の「専属捕手」はアリか、ナシか

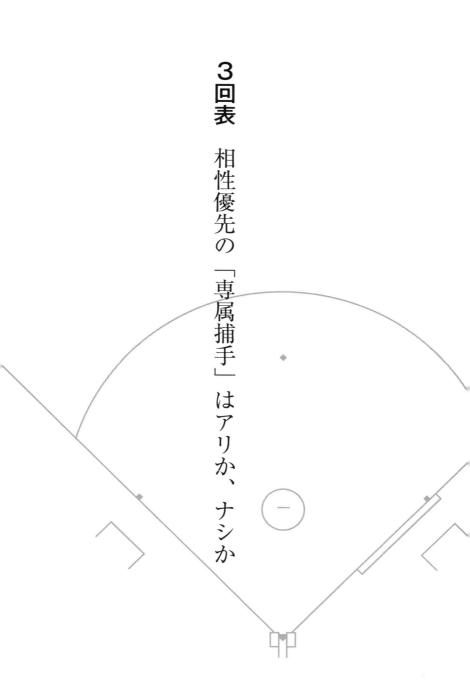

「専属」はバッテリーのあるべき姿ではない

プロ野球では、実戦での「相性のよさ」や、変化球に対するキャッチング技術の巧みさなどを理由に特定のピッチャーとセットで起用されるキャッチャーのことを〝専属捕手〟（※36）と言ったりする。

過去の歴史を振りかえってみても、エース級のピッチャーには、この〝専属捕手〟との組みあわせがことのほか多く、近年でも、ホークスの斉藤と的場（※37）や、ファイターズ時代のダルビッシュと鶴岡。メジャーに渡るまえのカープ・黒田さんと倉さん（※38）あたりのコンビは、一般にも広く知られているところだろう。

だが、そうした誰もが認める〝相思相愛〟の関係性がバッテリーの本来あるべき姿かと言えば、そんなことは断じてない。

チームの大黒柱である彼らは、その組みあわせでたまたま有無を言わさぬ結果を残し、なおかつそれを維持しつづけたからこそ、その後も女房役の〝指名〟をしても「許される」立場になれた（実際に本人が希望

※36 ほかにライオンズ時代の松坂や、ファイターズのMICHEAL（マイケル中村）らと組んだ中島聡氏（現・ファイターズGM特別補佐）も有名。MLBでは、ナックルボーラー、ティム・ウェイクフィールドの〝専属〟だったダグ・ミラベリなどがよく知られる。

※37 斉藤和巳氏（現・野球解説者）と的場直樹氏（現・ファイターズ2軍バッテリーコーチ）。全盛期の斉藤を支える女房役として活躍するも、その斉藤の長期離脱にともなって的場の出場機会も激減。09

したかどうかはともかく）のであって、並のピッチャーが同じことをやったら、それこそほかのキャッチャーからは総スカン。

もし僕自身が、たいして実績もないそこらのピッチャーがこの手のことを言っているのを現役当時に耳にしていたら、どんな不測の事態が起きたところで、「いや、いいっす」と組むのを拒否したことだろう。

そもそも、「あのキャッチャーと組むときは投げにくい」、「勝てない」なんていうわがままがまかり通るのなら、「あのピッチャーはコントロールが悪いから、捕るのイヤ」、「あんなクイックでは、こっちの盗塁阻止率が下がってしまう」といった、キャッチャー側からの言いぶんも同等に聞いてもらわないことにはフェアじゃない。

故障や移籍でたとえ〝専属〟を欠くことになっても、マウンドには変わらず上がりつづけなければならない以上、キャッチャーがふだんと違ったぐらいで、「今日は自分のピッチングができない」などと言っているようでは、プロでは到底通用しない。

誰と組んでも、それなりの「結果」をきっちり出す。〝相性〟云々を

年オフの戦力外通告を経て入団したマリーンズでは、奇しくも著者の離脱で大いに存在感を発揮することに。なお、セット起用は、斉藤自身が希望したものではなく、あくまで首脳陣の意向によるものであったという。

※38 黒田博樹氏（現・野球解説者）と倉義和氏（現・カープ2軍バッテリーコーチ）。05年の春季キャンプで、事前にミットを作ってのぞんだ倉に黒田が激昂する一幕はあったものの、それがケガの功名となって両者は邂逅。黒田が渡米する07年まで〝専属捕手〟としてプレーした。16年かぎりで両者そろって現役を引退。なお倉自身には、黒田が渡米した直後の08年に高橋建（現・タイガース2軍投手コーチ）の〝専属〟を務めた時期もある。

語る資格は、それができるようになって初めて得られるものなのだ。

「相性」とは無関係に結果を出すのがプロ

もちろん、ピッチャー自身の思惑とはべつのところで、首脳陣が過去のデータなどを総合的に判断して〝専属〟にするというケースも少なくないし、場合によっては、その組みあわせの妙が、結果的にピッチャーのもつポテンシャルを引きだすこともたしかにある。

手前味噌になってしまうのは恐縮だが、13年シーズンに、プロ8年目にして初めてローテを守って9勝を挙げたマリーンズの左腕・古谷（※39）のケースなどは、まさにそれがプラスに作用した典型例。それまでずっとくすぶりつづけてきた彼のポテンシャルがあの年にかぎって花開いたのは、さきにも挙げたエースと〝専属捕手〟の間柄にも似た関係性が、僕とのあいだにもあったからだと言ってもいい。

とはいえ、当の僕にしてみればそれらは、もともと才能はあるのにマウンドではやたらと考えすぎてしまうクセのあった彼に、考える暇を与

※39 古谷拓哉。駒大岩見沢高から駒大、日本通運を経て、05年大・社ドラフト5巡目でマリーンズに入団。日本一となった10年に58試合に登板するなどそれまでは中継ぎでの起用が主だったものの、13年途中に適性を見出され

えないリードをする――という、自分の仕事をしたまでのこと。

そうすることが「彼にとっての最善だ」と考えた僕の選択に、人一倍の努力をしてきた本人の日々のがんばりがうまく重なり、それが結果的に勝ちへと結びついたというだけで、受ける側の僕自身には「専属になった」という認識はおろか、「相性がいい」などという気持ちさえまったくなかったというのが実際のところでもあるわけだ。

そもそも、ピッチャーが〝専属捕手〟と組むことで、仮にいい「結果」を残せたとしても、それはあくまで自分自身がステップアップしていくための短期的な〝手段〟のひとつ。それに頼りきりになるあまりに手段が〝目的〟になってしまうようでは、本末転倒というほかない。

僕が現役を引退したいまなお、マウンドに立つ古谷自身には現在進行形での「結果」が求めつづけられているように、「相性のよさ」や、個人的な好き嫌いを度外視したところで、お互いが粛々と実績を積みあげていくのがピッチャーとキャッチャーのあるべき姿。

もしキャッチャーに信頼が置けないなら、サインに首を振って、自分

て先発転向。著者とのコンビで、9勝1敗、防御率2・73と活躍した。また同年には、〝イースタンでノーヒットノーラン〟を達成した直後に、1軍の試合でも快挙まであとひとりと迫る〝未遂〟を演じるという、よもやの快投でも話題を呼んだ。

の納得がいくボールを責任をもって投げこめばいいし、キャッチャーはその責任において全力でボールを捕りにいけばいいのである。

そうした馴れあいを排除したグラウンドレベルでの意思疎通を通じて築きあげた信頼関係。それこそが、しばしば〝阿吽の呼吸〟とも呼ばれるプロのバッテリーとしての理想形だと、僕は思う。

信頼関係の構築はまず「自己主張」から

では、バッテリーが〝専属〟に頼ることなく、本当の意味での「プロ」らしい関係性を築いていくためには、どうすればいいか――。

僕の経験からすれば、これはもう、一も二もなく自己主張をしていくこと。もし自分に「こうしたい」という要望があるなら、相手が誰であってもそれらをきちんと自身の言葉で伝えることが、ピッチャーとの良好な関係を築く、はじめの一歩だと断言できる。

実際、僕らが最初に日本一になった05年当時のピッチャー陣などは、主力クラスのほとんどが僕より年上の先輩ばかり（※40）。そんな状況

※40　先発投手では、清水直行

下でもし僕がヘタに遠慮をして、喉元まで出かかった自分の意見を飲みこんでいたら、自分自身の成長はなかったばかりか、チームそのものにもあれほどの「結果」はもたらされなかったことだろう。

むろん、年下にもかかわらず、言いたいことをズケズケ言いまくる生意気な僕の言動を、マリーンズの先輩たちも最初は「なんだ、こいつ」という目で見ていただろうし、当時のエース・清水直さんなどとは試合中のベンチで真っ正面からぶつかりあって口喧嘩のような緊迫した空気になったこともあったほど。

だが、そこでこちらが引いてしまっては、あとにしこりを残すだけ。それが「もっとよくしたい」という純粋な気持ちに端を発した〝喧嘩〟であるなら、たとえ相手が先輩であろうと、とことんまでやりあったほうが、結果的にはお互いのためにもなるのである。

まだまだ毎日がサバイバルだった当時の僕にとっては、「聞かないこと」や「言わないこと」は、まさに〝一生の恥〟。

経験で勝るピッチャーたちに「里崎はなにを考えているのか」という

氏（現・ニュージーランド代表統括コーチ）と小野晋吾氏（現・マリーンズ2軍投手コーチ）が1学年上。〝YFK〟とも称された中継ぎ陣は、薮田安彦氏（現・野球解説者）が3学年、藤田宗一氏（現・飲食店経営）が4学年、小林雅英氏（現・マリーンズ1軍投手コーチ）が2学年と、いずれも著者より年長だった。ちなみに、「（現・野球解説者の）小宮山（悟）さんだけは〝神の領域〟。僕がなにか言うまでもなかった」とは著者の談。

部分を知ってもらうという意味でも、自己主張は欠かせないコミュニケーションツールでもあったというわけだ。

不協和音の芽を摘みとる「里崎流」処世術

ちなみに、僕のようにガツガツ自己主張をしていくスタイルを貫くと、ともすればそれが「あいつは自分のことを棚に上げて、エラそうに言ってばかり」といった不協和音につながる可能性も十分ある。

仮に僕自身が目上の先輩と、言いたい放題に言える成瀬（※41）のような後輩とで態度をコロコロ変える言行不一致をみせれば、説得力はおそらくゼロ。下の世代は誰も聞く耳をもたなかったことだろう。

しかし、この点についても僕はどうやら無意識のうちに、自己主張をすることで〝防御〟を図っていたらしい。

これはみなさんにもぜひオススメしたいが、あるトレーナーさんの指摘によれば、僕は自分にいたらない部分があると、他人から言われるまえに先まわりをして独りごとを言うクセがあったようなのだ。

※41 成瀬善久。横浜高から、03年のドラフト6巡目でマリーンズに入団。16勝1敗、防御率1・81の成績で最優秀防御率、最高勝率の2冠に輝いた07年に一躍エース左腕として台頭した。著者が引退した14年オフにスワローズへFA移籍。曰く「自己主張をさせないぐらい彼には言いまくった」というほど著者の薫陶を受けたひとり。07年には、著者との

コンビで最優秀バッテリー賞も受賞している。

「あー、いまのアレ、失敗したなぁ」
「あの場面ではもっとこうしておけばよかったなぁ」

そうやって自分から言ってしまえば、周囲は「わかっているなら、いいや」となって、批判の矛先がこちらに向くことはほとんどない。

ベンチ裏が同僚たちの愚痴大会のような様相を呈したところで、当の僕自身がすでに問題点に言及してしまっている以上、「そんなことより、サトってさぁ」などと話題にのぼることもないのである。

☆

ともあれ、バッテリーにとってもっとも肝心なのは、互いに自己主張をしあってそれぞれを高めていくことであって、気の置けない〝専属捕手〟を見つけることでは決してない。

むろん、18勝を挙げた06年のホークス斉藤（※42）のように、他を圧倒するほどの成績を挙げられるのであれば、それはもう「相性がいいか

※42　18勝5敗、防御率1・75の成績で最多勝、最優秀防御率、最多奪三振、最高

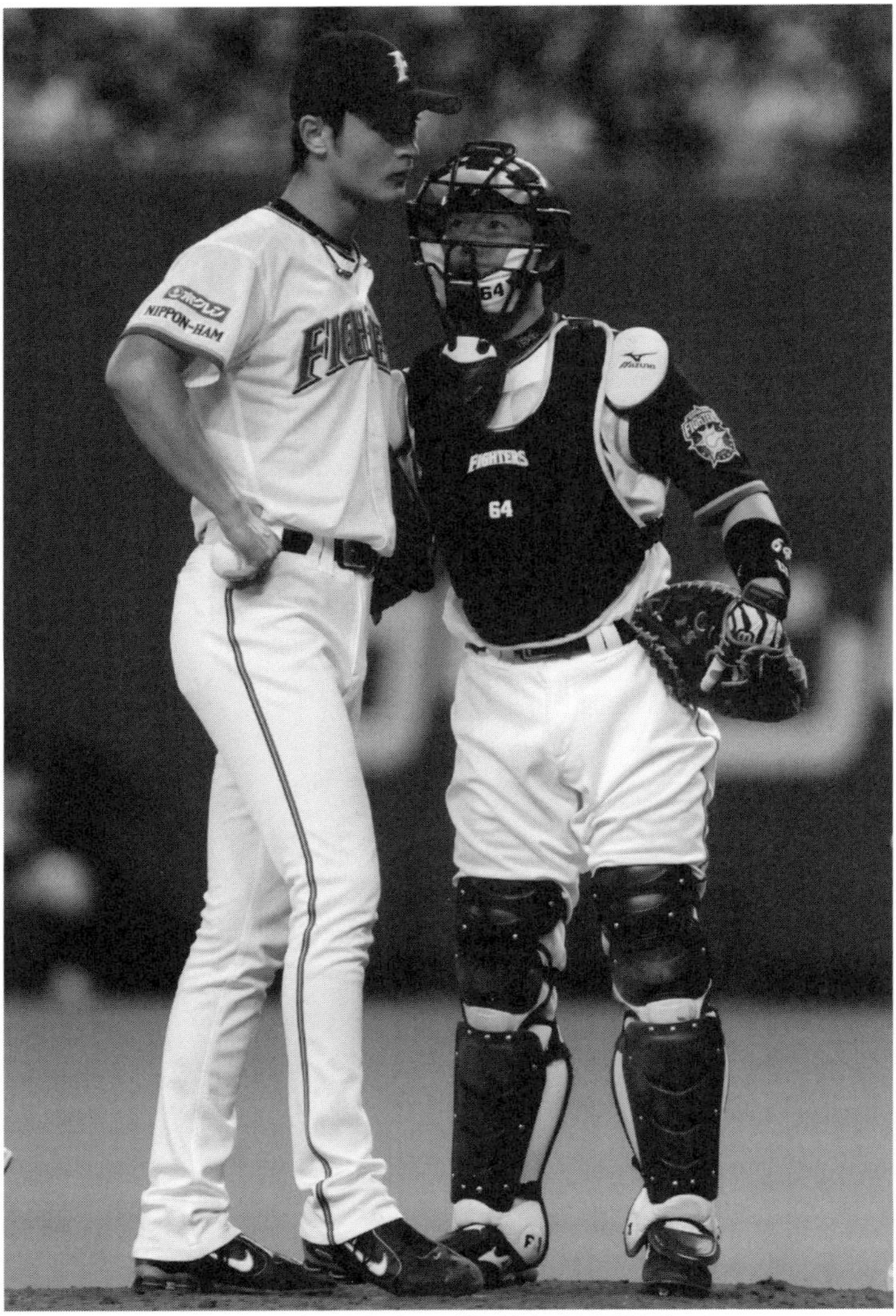

ファイターズ時代、ダルビッシュ有の先発時には鶴岡慎也が女房役を務めた。

らだ」と言いきってしまっても、誰も文句を言いはしまい。

だが、「あのキャッチャーとは相性がいいから、テンポよく（あるいはリズムよく）投げられる」などと、どんなに豪語したところで、たいていのピッチャーにとっての「テンポ」や「リズム」は、その日の自分に自信があるかどうかで大きく変わる。いくらこちらがテンポよくサインを出したところで、投げるほうに迷いが生じているようでは「テンポのよさ」など望むべくもないのである。

だとすれば、どのキャッチャーと組むことになっても、自分が損をすることがないよう、「合う」、「合わない」とはべつの次元でキャッチャーとの意思疎通を図っていくことこそが、〝専属捕手〟との「結果」以上に求められるピッチャーとしての重要な資質。

「相性のよさ」を見出すのは、それからだって遅くはない。

勝率の4冠を達成。20勝3敗の03年につづき、2度目の沢村賞も受賞した。的場とのコンビで、最優秀バッテリー賞も。

3回裏

「盗塁阻止」の失敗は6対4で投手の責任である

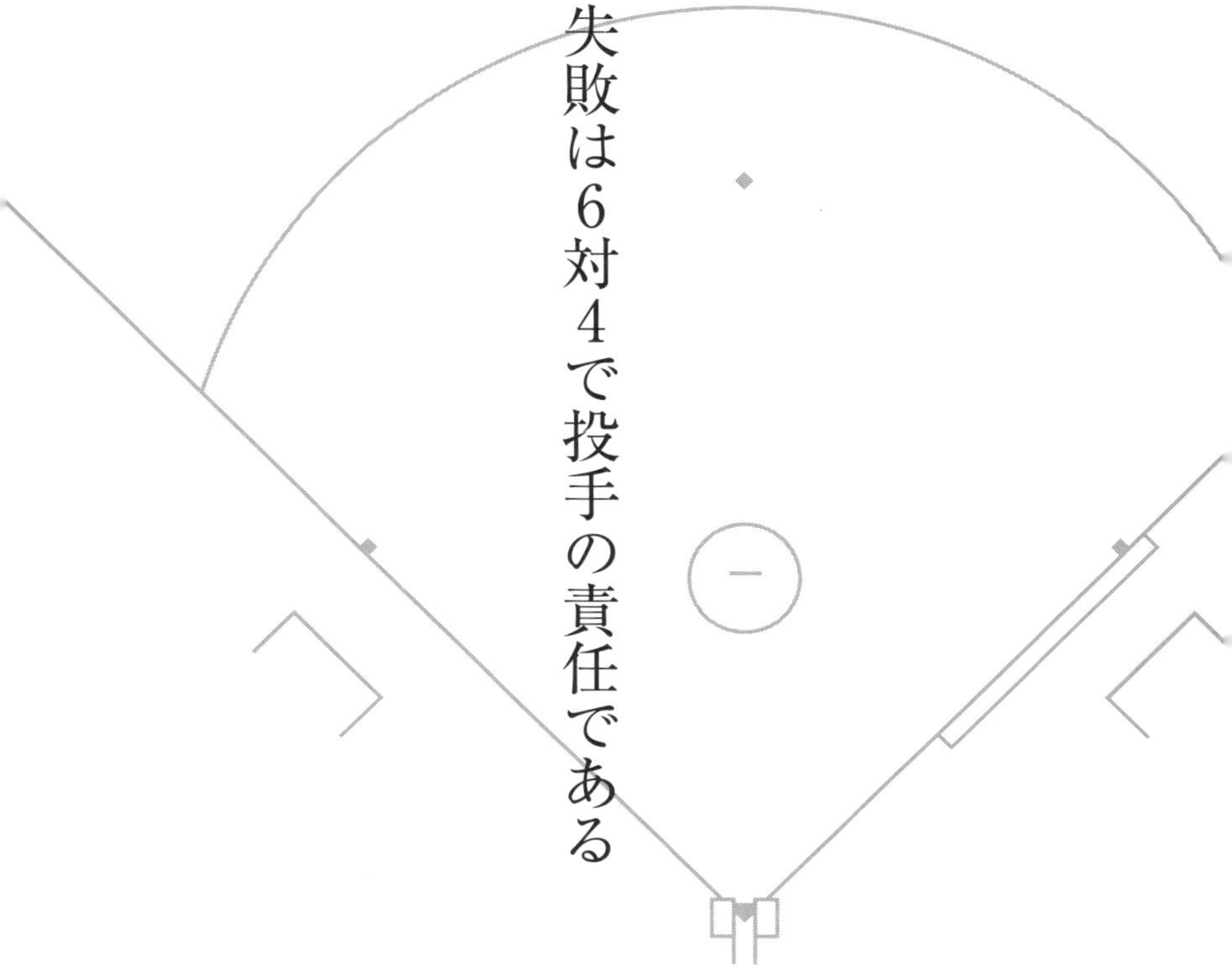

盗塁の「企図」に捕手の存在は無関係

「あのキャッチャーは阻止率が高いから、相手も簡単に走れない」

ふだんから熱心にプロ野球を観ている方なら、野球談義に華が咲く球場や居酒屋で、一度はそんなセリフを耳にしたことがあるはずだ。

たしかに、プロのキャッチャーであるなら、「盗塁阻止率」（※43）は高いに越したことはないし、その数字の高低に、選手としての資質やスキルレベルが大きく関わってくるのも間違いない。

だが、経験者の立場からあえて言わせてもらうとするなら、相手が走ってくるかどうかと、キャッチャーの「阻止率の高さ」は、関係ない。

さらに言うなら、そこで盗塁を阻止できるか否かの責任の比重は、6割方、ピッチャーのほうにあるとさえ言ってもいいだろう。

なぜなら、相手キャッチャーの調子があきらかに悪そうな場合や、肩ヒジの故障を事前にキャッチしているといったイレギュラーな状況をべつにすれば、ベンチで作戦を練る首脳陣や、塁上のランナーが、実際の

※43　盗塁刺数（送球によってアウトにした数）を、企図数（試みられた数）で割った指数。捕手の肩の強さを数値化したものとして一般にも広く定着する。16年シーズンは、パ・リーグではライオンズ・炭谷銀仁朗の3割1分7厘。セ・リーグではジャイアンツ・小林誠司の3割5分6厘がトップ。

試合でつぶさに見ているのは、マウンドにいるピッチャーのクイック（モーション）が速いか遅いかの、その一点。

1軍の試合でマスクをかぶっている時点で、キャッチャーにはある程度のスキルがすでに備わっているという大前提がある以上、「今日のピッチャーはクイックがうまいから、走るのをやめよう」という判断がくだることはあっても、「今日のキャッチャーは肩が弱いから、バンバン走っていこう」とはならないのが、プロの世界というわけだ。

むろん、これらはキャッチャーだった僕が、〝自己弁護〟のために言っているわけではなく、あくまでも客観的事実を述べたまで。

そこには、鈍足でつとに知られたこの僕でさえ、現役時代には「今日のこいつはクイック遅いな」、「変化球のカウントで走ったら行けるんちゃうか」といったピッチャーの動きだけを決め手に、数少ない盗塁（※44）を成功させている――という〝証拠〟もあるほどだ。

ともあれ、ここで僕が伝えたいのは、ピッチャーがクイックさえきっちりやってくれれば、受けるキャッチャーが誰であろうと、「阻止率」

※44 著者は、16年間のプロ生活で通算6盗塁。05年からの4シーズンは、毎年1盗塁は決めていた。

はそこまで劇的には変わらない、ということ。

それを証明しうる統計データがないため、「絶対にそうだ！」とは言いきれないのが残念だが、ベイスターズの久保（※45）やジャイアンツの内海（※46）、ドラゴンズの浅尾（※47）、バファローズの平野（※48）――といった、クイックのうまさに定評のあるピッチャーと、そうでないピッチャーとが、同じキャッチャーのもとで投げれば、その差は数字のうえでも如実に現れてくるに違いない。

つねに「受け身」のキャッチャーは不利

では、ここからは実際の試合で「盗塁阻止」を成功させるために必須とされる諸条件を、具体的な数値を挙げながら見ていこう。

そもそも、プロの世界では、「足が速い」とされるランナーがスタートを切ってセカンドに到達するまでの所要時間は、平均3・2秒。ピッチャーのクイックについては、チームによって若干のバラつきはあるものの、投げはじめからキャッチャーのミットに収まるまでの一連の動作

※45 久保康友。04年の自由枠でマリーンズに入団。09年に移籍したタイガースでFA権を行使し、14年シーズンからはベイスターズでプレーする。「彼が本気を出せば1・0秒台も可能なはず」と、かつてバッテリーを組んだ著者自身が太鼓判を押すほど、球界きってのクイックの達人として有名。

※46 内海哲也。03年の自由枠で入団後、2度の最多勝獲得をはじめ、球界を代表する左腕として活躍する。クイック、牽制ともに、その速さは球界屈指とされ、14年シーズンには許盗塁「0」を記録するなど、盗塁をほぼ「企図されない」投手のひとりとして、つとに知られる。

を、1・25秒以内に行うのが合格点とされている。

となれば、キャッチャーが捕球してから、セカンドにスローイングするまでに与えられた時間はわずか1・95秒。

もしここでピッチャーのクイックが遅く、なおかつ塁上のランナーにタイミングよくスタートを切られてしまえば、キャッチャーの〝持ち時間〟はどんどん削られ、自身の能力とは関係のないところで、「投げてもセーフ」という状況が頻発することになるわけだ。

もちろん、キャッチャー自身がキャッチング、スローイングの技術を磨いていけば、その動作を速くすることも多少はできる。

当の僕自身も、現役時代の守備練習の際には、ストップウォッチで逐一計測しながら、コンマ何秒かを縮める努力をしたものだ。

だが、サインどおりに来るとはかぎらないボールを、高低、内外のどこで捕っても、つねに1・95秒以内で正確に投げるというのは、どんな一流のキャッチャーにとっても至難の業。僕の経験から言っても、絶好のポジショニングで捕れて、せいぜい1・8秒台。それを1・7秒台に

※47 浅尾拓也。06年大・社ドラフト3位で入団。10、11年シーズンには2年連続で70試合以上に登板するなど、守護神・岩瀬仁紀につなぐ不動のセットアッパーとして活躍した。ここ数年は怪我で精彩を欠くも、その復活を待望する声はいまも根強い。

※48 平野佳寿。05年の希望枠で入団後、10年シーズンから中継ぎに転向。13年からは抑えを任され、14年にはリーグ新記録の40セーブをマーク。チーム躍進の原動力として大車輪の活躍をみせた。

するなどという芸当は、たとえ全盛期の古田さん（※49）であっても、ほぼ不可能に近い〝神業〟だと言っても差しつかえはないだろう。

結局のところ、「盗塁阻止」の場面において、つねに〝受け身〟の立場であるキャッチャーにできることは、ベースカバーに入る野手のベルト下を目がけて、1・95秒以内で正確なスローイングをすることだけ。

ランナーやピッチャーが、自身のもてる技術で（しかも、自分のタイミングで！）、コンマ何秒かを縮められるのとは、置かれた状況からしてまったく違うというのが現実でもあるのである。

にもかかわらず、テレビの野球中継などでは、まるで「キャッチャーvs.ランナー」の構図であるかのように、決まってキャッチャーのスローイングだけがクローズアップされ、「阻止失敗＝キャッチャーの責任」と映ってしまうし、仮に「投げるな」のサインが出ているランナー1・2塁の場面で、ダブルスチールを決められでもすれば、一気にふたつもの盗塁がカウントされて、「阻止率」は大きく下がってしまう。

大半がピッチャーの不注意から「盗まれる」3塁への盗塁にいたって

※49　古田氏が93年にマークした盗塁阻止率6割4分4厘はいまも破られていない日本記録だが、当時のスワローズ投手陣は、軒並みクイックがうまく、高津臣吾氏（現・スワローズ2軍監督）や石井一久氏（現・野球解説者）らといった主力は、そろって1・1秒台で投げられたとも言われている。

は9割以上がピッチャーの責任であるのに、そこでもやはり「阻止率」は下がるのだから、これほどアンフェアな数字もない。

だからこそ僕は、そうしたキャッチャー自身のスキルとは直接関係のないシチュエーションで許した盗塁までもが、すべて含まれる「阻止率」だけをとって、安易に「阻止率が低い」＝「能力が低いキャッチャー」とする風潮には、あえて異を唱えたいと思うのだ。

「盗塁阻止」はバッテリーの連帯責任

そもそも、「盗塁阻止」とは、ピッチャー、キャッチャー、ランナーの三者がせめぎあうなかで、バッテリーが「盗塁を刺す」という意識を共有しあい、それに野手たちがしっかり呼応することで初めて成功しうる〝共同作業〟。そのうちのどれかが欠ければ、端から勝負にすらならない、高度なミッションであるはずだ。

だとすれば、キャッチャーが日ごろから、キャッチング、スローイングの精度向上に努めているのと同じように、ピッチャーにもクイックや牽制といったスキルの習得、向上が求められるのはプロとして当然。それがチームプレーである以上は、ピッチャーだけが「クイックをするかしないかは本人の自由」では、事の道理が通らない。

もちろん、クイックをせずとも結果として抑えられるのであれば、誰も文句は言わないだろうし、僕の知るかぎりでも、有無を言わさず力で押すタイプのピッチャーには、「フォームが崩れる」、「球威が落ちる」といった理由でクイックを忌避する選手は少なくない。

だが、どんなにもっともらしい理由を並べたてたところで、練習をこなせば必ず上達するスキルをおろそかにするのは、僕に言わせれば、自分の苦手なことを正当化しているだけの、ただの「言い訳」。

つなぎ役としての働きを求められる野手が、「バントは苦手なんで、他の練習していいですか？」では到底通用しないように、本来であればピッチャーもクイックや牽制が「苦手」なままではダメなのだ。

☆

ちなみに、盗塁を「企図された数」が「50」で、「阻止率」が3割のチームと、「された数」が「100」で、「阻止率」が4割のチームがあったとしたら、「格上」なのは果たしてどちらか――。この問いについては、みなさんの答えを待つまでもなく、圧倒的に前者だろう。

たとえ「阻止率」は上でも、盗塁をより多く企図されている時点で、それだけ相手に「行ける」と思われている、すなわち「ナメられている」のと同じこと。相手ベンチが判断材料としているのが、たいていの場合でピッチャーのクイック一択である以上、「ナメられている」のは、他ならぬピッチャー自身だということにもなるわけだ。

とはいえ、それでもピッチャーが「走られても、点を取られなきゃいいんだろ?」という強気の姿勢を崩さないなら、それはもう「阻止はできないもの」とあきらめるより仕方がない。

練習をさせる権限をもたない、いち選手にすぎないキャッチャーに、ほかにできることがあるとすれば、契約更改の日までに、自分の責任ではないケースをリストアップして、マイナス査定への〝反論〟を準備す

「盗塁阻止」の失敗は6対4で投手の責任である　3回裏

ピッチャーのクイック技術は、盗塁阻止の成否を左右する重要な要素。

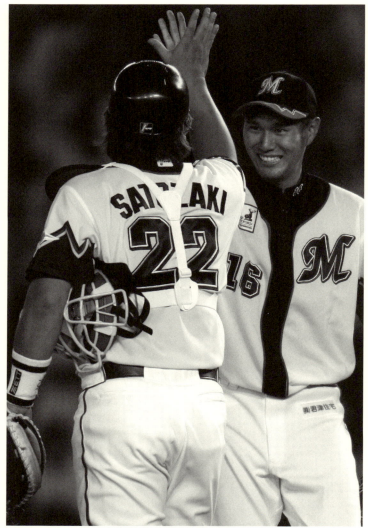

るぐらいのものでしかないのである。

若干クドくなってしまったが、コンスタントに1・25秒以内でクイックのできるピッチャーがいて、それを1・95秒でスローイングできるキャッチャーがいれば、盗塁もそう易々とは企図されない。

そこへ、守備力のたしかなセカンドやショートが加われば、相手ベンチの判断は「このチームで盗塁は無理」となって、彼らはたちまち〝企図すらされない〟チームへと変貌を遂げることだろう。

何度も言うが、「盗塁阻止」は〝連帯責任〟。

これを読んだみなさんには、単なる指標にすぎない「阻止率」だけでなく、キャッチャーのスローイングや、ピッチャーのクイック、内野陣の連携といった一連の流れにも、ぜひ注目してもらいたいところだ。

4回表　捕手目線から見た「一流投手」の条件とは？

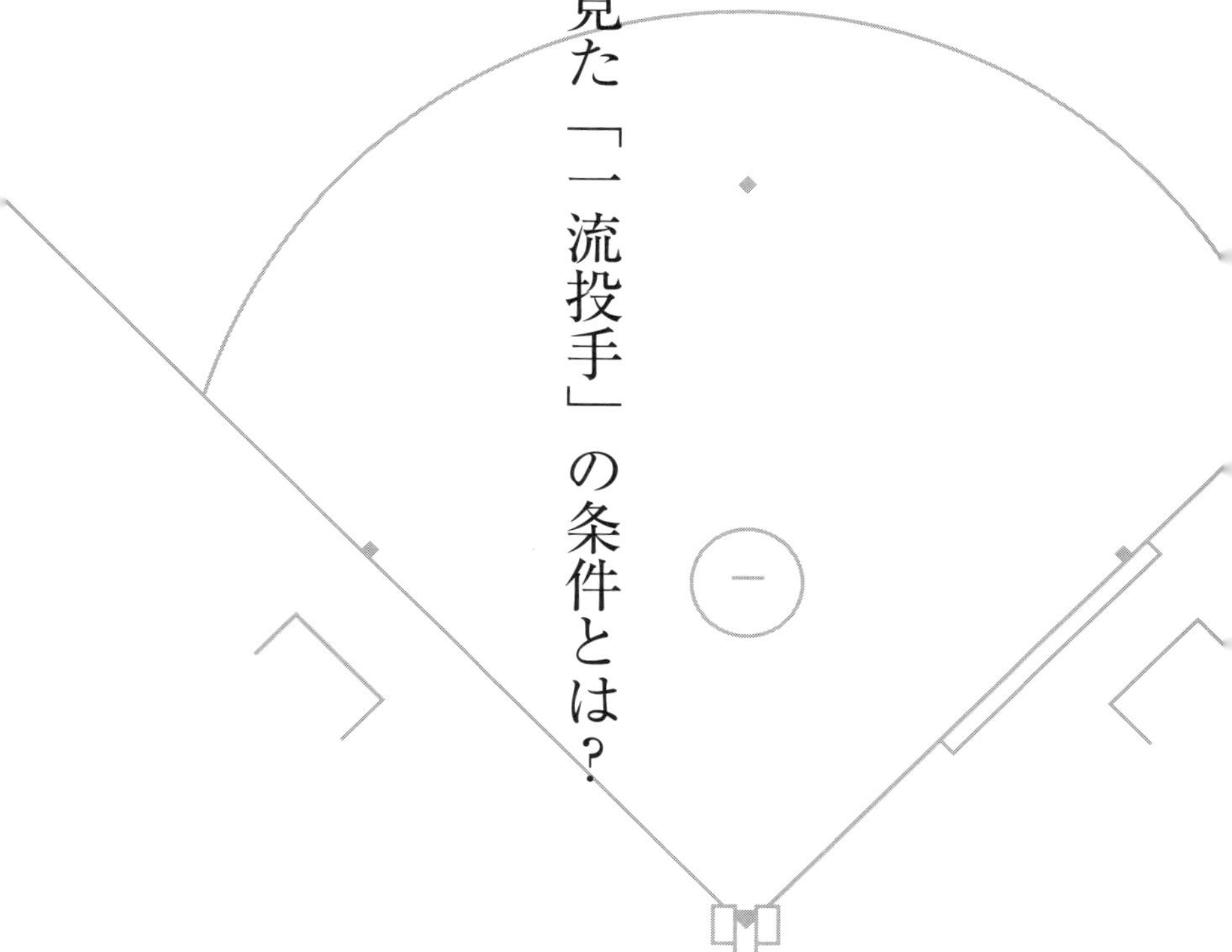

絶対条件は自在に操れる球種が「3つ」以上

「ピッチャーがローテーションに入るための条件とはなにか？」

そう聞かれたら、みなさんはなんと答えるだろうか。

先発を任される以上は、「試合を作る」（※50）ことは最低限のノルマだろうし、シーズンを通してローテーション（以下、ローテ）を守るためには、「ここぞという場面で投げ負けないこと」も、もちろん大切。ファンが球場に足を運ぶ動機づけにもつながる〝予告先発〟が浸透している現在では、そのピッチャーの試合を「観に行きたくなるかどうか」も、見方によっては大きな要素のひとつになってくるだろう。

では、同じ質問にキャッチャー目線で答えると、どうなるか――。

僕の思う、ローテピッチャーの〝絶対条件〟はひとつ。「いついかなる状況、場面、カウントにおいても、ストレートを含む3つ以上の球種が自分の思いどおりに投げられること」。ただ、それだけ。

極端なことを言えば、この「3つ」をクリアできているかの一点を見

※50 一般的には、勝ち投手の権利を得られる5回以上を投げきること。近年では、先発投手が、6回以上を投げて、3失点以内に抑えることのできた割合を示す「QS（クオリティ・スタート）率」といったメジャーリーグの指標も浸透しつつある。

れば、ピッチャーの活躍の目安でもある「2ケタ勝利」が可能かどうかもだいたいわかると言ってしまってもいいほどだ。

そもそも、僕がなぜ「3つ」にこだわるかと言えば、いくら「思いどおりに投げられる」と言っても、ピッチャー自身のその日のコンディション次第では、どれかが「悪い」ことも必ずあるから。

言ってみれば、いいほうのふたつをメインに使いながら、「悪い」なりにもそれなりに投げられる残りのボールをさりげなく織りまぜたい、というのが受けるキャッチャーとしての本音。1イニングと割りきって最初から力勝負ができる中継ぎや抑えならともかく、長いイニングを稼ぐことが要求される先発ピッチャーが、端から「いい」か「悪い」かの二択になるようでは、リードの組みたてようがないわけだ。

僕の古巣でもあるマリーンズを例にとってみても、かつての成瀬にはストレートとスライダー、チェンジアップの「3つ」があったし、いま現在の石川（※51）にも、ストレートにシンカー、カーブといった具合に、常時「使える」、「武器になる」ボールは「3つ」ある。

※51 石川歩。滑川高、中部大、東京ガスを経て、13年のドラフトで、ジャイアン

つまり、この「3つ」がつねに、リードするキャッチャーの選択肢のなかに入っていることこそが、彼らを滅多なことでは大崩れしない〝一流〟たらしめている最大の要因だと言えるのだ。

むろん、彼らのような一線級のピッチャーに課された使命は、シーズンを通してローテを守り、その後も継続して「結果」を残すこと。

そのうえで、自身のもつ「使える」ボールの精度を、「マー君（※52）と言えば、スプリット」、「マエケン（※53）と言えば、スライダー」といった〝名刺代わり〟のレベルにまで高めることのできる、ほんのひと握りの〝超一流〟だけが、球界を背負って立つ「エース」と呼ばれる特別な存在になるのである。

注目すべきはその投手が「何番手」か

ちなみに、仮に2ケタ勝利を挙げたピッチャーがいたとしても、それが5番手、6番手としての「結果」であれば、真価が問われるのはむしろそのあと。必然的に「番手」の上がる翌年以降も同等の活躍ができて

ツとの競合のすえに1位入団。1年目から2ケタ勝利を挙げる活躍をみせ、新人王に輝いた。自己最多の14勝（5敗）を挙げた16年には、防御率2・16で最優秀防御率のタイトルも手中に。江戸期の盗賊・石川五右衛門にちなんだ、「絶景です」の決めゼリフでもおなじみ。

※52 田中将大。日本一ともなったイーグルス在籍時の13年に打ちたてたシーズン24連勝（前年、ポストシーズンを含めれば30連勝）の大記録を引っさげ、現在はMLB・ヤンキースでプレーする。現在も武器とするスプリットは、ホークスに在籍したブライアン・ファルケンボーグの投球を参考に独学で習得したもの。

※53 前田健太。12年にノーヒット・ノーランを達成す

前田健太はスライダーという絶対的な球種を武器に、ドジャース先発陣の一角を担う。

初めて〝不動のローテ〟の仲間入りができると言っていい。

なぜなら、同じローテ枠でも1カード目の1番手、2番手、それに2カード目の頭に来る4番手はやはり別格。対戦スケジュールの都合で多少前後することはあっても、〝エース格〟の彼らと、それ以外の枠を埋める〝その他大勢〟のピッチャーとでは、背負っている責任の重さ、扱いからしてまったく違うというのが実情でもあるからだ。

僕がまだ駆けだしだったころのマリーンズでも、ローテに初めて抜擢された晋吾さん（※54）が毎週日曜日に登板して〝サンデー晋吾〟と呼ばれた時期があったが、平日と比べてもお客さんが多いうえに序列では6番手にあたる日曜日は言わば、「売りだし中の若手枠」。

相手チームも総じて同じランクをぶつけてくるというところからすれば、6戦のうちでもっとも勝利を手にしやすい恵まれた状況のなかで投げることができるのが、ほかならぬ日曜日だというわけだ。

だとすれば、〝エース格〟同士の対戦となる確率の高い1番手の10勝10敗と、6番手の12勝8敗とでは、前者のほうがはるかに価値が高いの

るなど、カープのエースとして活躍。16年からはMLB・ドジャースでプレーする。契約時のメディカルチェックに引っかかったこともあり、一部には故障を不安視する声もあったが、最終的にはチーム最多の16勝（11敗）をマーク。4年連続となるチームの地区優勝にも大きく貢献してみせた。

※54　小野晋吾氏。高卒7年目だった00年に初めてローテーション入りを果たし、毎週日曜日に登板する〝サンデー晋吾〟として、破竹の9連勝。シーズンでは13勝5敗の成績を残し、最高勝率のタイトルも獲得した。先発、中継ぎとして2度の日本一を経験したあと、12年に現役引退。スカウトを経て、現在はマリーンズの2軍投手コーチを務める。

はもはや必然。さきにも挙げた石川が、10勝8敗をマークして新人王を獲ったルーキーイヤーから一転、2年目に12勝12敗と負け数を増やしたのは、「番手」が上がったこととも決して無関係ではないのである。

相手もつねにエース格をぶつけてくるとなれば、当然、打線の援護もそう簡単には見こめない。そうしたなかで、前年並か、それ以上の勝ちを拾って、いかに「結果」を残していくか――。そこにこそ、「ローテを守りつづける」難しさはあると言っても過言ではないのだ。

投手に多い「2年目のジンクス」の正体

一方、プロ野球の世界では、とあるシーズンに2ケタ勝利を挙げるなどの目覚ましい活躍をみせたピッチャーが、翌年以降、さっぱり勝てなくなる――といったことも、往々にしてよく起こる。

ルーキーイヤーに新人王を獲るほどの活躍をしたにもかかわらず、その後は伸び悩んで、何年後かには戦力外通告。次に名前を見かけることになったのはトライアウト（※55）を報じるニュースや、年末のドキュ

※55 プロ野球12球団合同トラ

メンタリー番組だった……なんていうケースは、みなさんがパッと思いつくだけでもそれこそ枚挙にいとまがないはずだ。

では、いわゆる「2年目のジンクス」、「プロの壁」にブチ当たって、それを打破できずに選手寿命を縮めてしまう選手と、そこからもうひと伸びする選手とのあいだに横たわる〝差〟とは果たしてなにか。

ここからは、俗に言うところの〝一発屋〟で終わる選手たちがおちいりやすい「落とし穴」についても言及しておこう。

☆

「そんなもの、相手に研究されたからに決まっている」

そうおっしゃる方の意見はもちろん正しい。

目のまえの「壁」を乗り越えられない選手は、そこでの「結果」が出ないことで、〝負〟の無限ループにハマるケースがほとんど。

端的に言えば、相手がそれなりの「対策」を講じてくることを自覚し

イアウト。自由契約選手を対象に、01年から毎年秋に実施。これまでは移動距離などを考慮して東西2カ所で行われるのが慣例だったが、15年からは1カ所での開催に一本化。参加選手らに密着したドキュメンタリー番組『プロ野球戦力外通告・クビを宣告された男達』は、年末の風物詩に。

ていながら、それをはねのけるだけの力をつけられなかったことが、彼らのもっとも大きな「敗因」だと言っていい。

だが、曲がりなりにもプロとしての「結果」を一度は手にした選手が、故障を抱えているわけでも、練習をサボっているわけでもないのに、「壁」ひとつ克服できないとは、どういうわけか。

僕に言わせれば、それこそが、まさしく「落とし穴」。

経験の浅い新人選手に〝一発屋〟がことのほか多いのは、目に見える結果を手にしたことで生まれる「俺はやれる」という手ごたえが、逆に成長を鈍らせ、「ジンクス」という名の「落とし穴」へと、自分自身を迷いこませてしまうからにほかならない。

そもそも、ピッチャーとバッターのパワーバランスなどというものは、互いに日々研究をしあうことで、絶え間なく入れかわる流動的なもの。

現役時代の僕自身が、なぜかファイターズのグリン（※56）をずっと苦手にしていた……といった特殊なケースもあるにはあれど、〝カモ〟にしてきた相手が、その後も変わらず〝カモ〟でありつづけてくれるな

※56 ライアン・グリン。06年に初来日。以降、4年間にわたって、イーグルス、ファイターズ、ベイスターズでプレーした。NPB

んていう虫のいい話は、プロにおいてはほとんどない。

研究されて上に立たれることを見越して、日ごろからそのさらに上を目指して練習に励み、それでもダメならまた次の手を考える――。

次の打席、次の試合、次のシーズンにはそのパワーバランスが逆転するかもしれない、という危機意識を前提にするなら、たった一度の「結果」の余韻にひたって立ちどまっているヒマなど、一秒たりとも存在しないというのが実際のところでもあるわけだ。

裏をかえせば、プロとしてのキャリアが長い選手というのは、そうした意識をつねにもちつつ、「少しでも上に」というハングリー精神を発揮してきた人ばかり。一度到達してしまえば、あとは下っていくだけの肉体的・精神的なピークまでに、しっかりとアドバンテージを積みあげていたことが、「壁」を打ち破る原動力ともなったのだ。

☆

通算でも26勝44敗、防御率3・62と〝並〟の投手ではあったが、「なぜか打てなかった」著者は、パ・リーグ時代の3年間で38打数3安打、打率0割7分9厘と大の苦手だった。

「これまでやってきたことは決して無駄じゃない。この経験は必ず活きてくるから、それを糧に次のステージでもがんばれ」

中学や高校の部活動では、最後の大会で負けたあとなどに、顧問や監督が部員たちにそういった類の激励をしたりする。

だが、そんなセリフが通用するのは、それがアマチュアだから。

どんなときでも「結果」を要求されるプロの世界では、成果が出なかった、うまく行かなかった、失敗した——という場面で学べることは、たったひとつ。「これまでの方法は間違っていた」ことだけだ。

結果が出ていないのなら、最初に手をつけるべきは、その方法論自体を根本的に見なおすこと。それすらもしないで「こんなはずじゃない」と自問自答をしているだけでは「落とし穴」からは抜けだせない。

必要以上にもがくまえに、「自分はこんなものだ」とまず認める。それが〝一発屋〟で終わらないための第一歩だと、僕は思う。

4回裏 デキる捕手は相手打者の「影」を見る

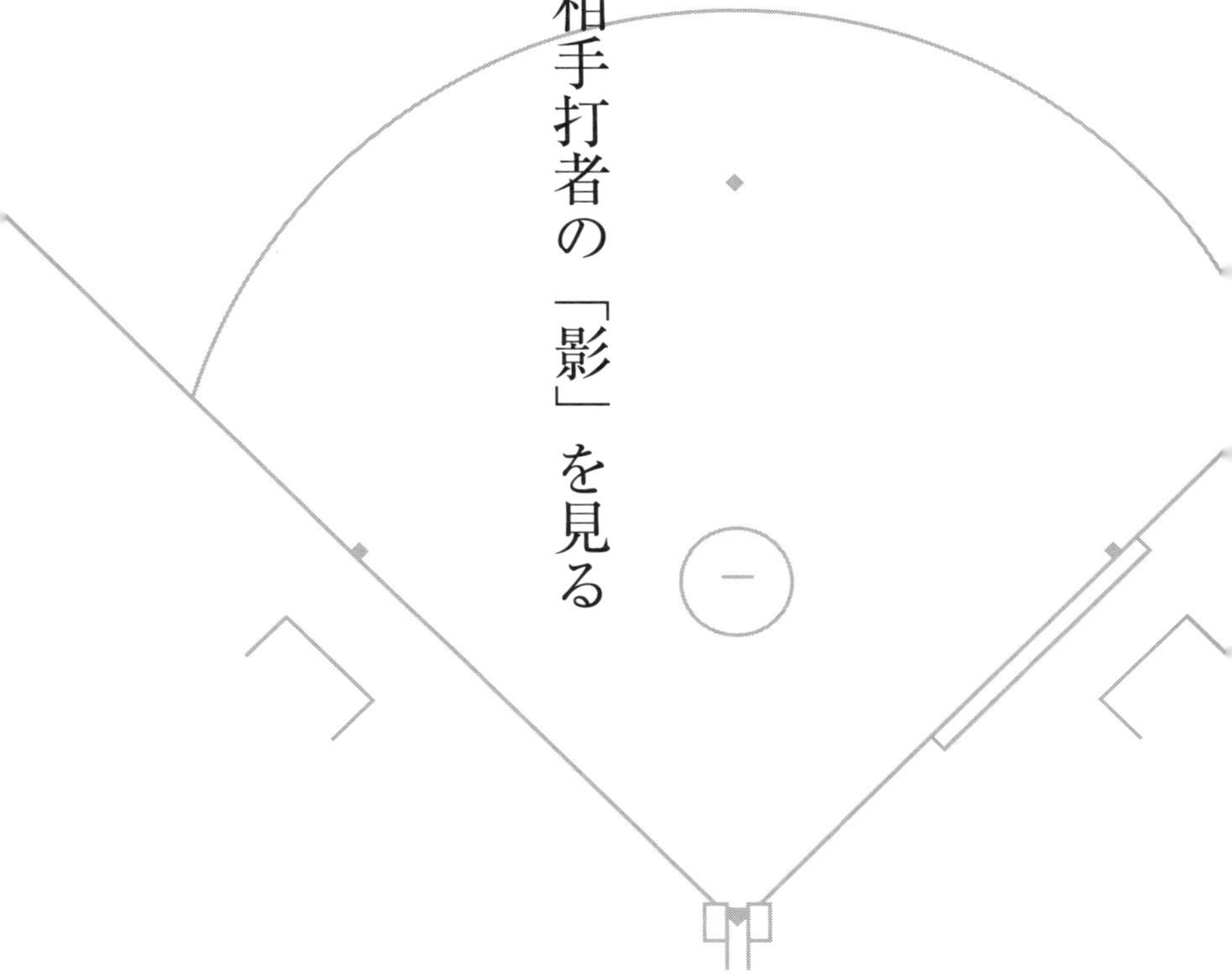

打者の「構え」からわかる微妙な違い

「リードをするうえで、真っ先に注目するポイントはどこですか?」

そう聞かれたら、僕ならまず打席に入る相手バッターの「構え」。次に「タイミングの取り方」、そして「バットの出方」の順だと答える。

より具体的に言うなら、足の踏みだし位置なども含めた「構え」の全体を見て、「この構えで、外までバット届くんかな?」なんてことをまず考え、次に「タイミングの取り方」を見て、「合っているか」、「合っていないか」を見極める。さらに「バットの出方」次第で、「よし、今日のこの感じやったら、ちょっとアウトコースを攻めてみよか」などといった、最終的なジャッジをくだす――というのが一連の流れ。

試合中のキャッチャーにとっては、相手バッターが打席に立って、ピッチャーにサインを出すまでのほんのわずかな時間で行う、こうした瞬時の「観察」もまた、「1回裏」でふれた3ステップ「計画・実行・反省」の「計画」に欠かせない判断材料のひとつとなっているわけだ。

しかも、そうやって1軍で場数を踏んで、対戦相手の情報がどんどんアップデートされるようになると、自分の頭のなかにあるリードの「引きだし」が増えるのはもちろん、素人目にはわからないバッターの身体の開きや腕の下がり具合といった細かな部分までもが、打席に入った瞬間に「あれっ？　いつもと違う」と気づけるようにもなってくる。

このことを的確な言葉で説明するのはなかなか難しいが、言ってみれば、選手のもつ〝影〟のようなものが、本来あるべき位置にない——ということが「違い」として、自然と感じとれるようになるのである。

だからこそ、ことキャッチャーというポジションに関しては、一刻も早く1軍に定着して、マスク越しに〝影〟が「見える」までに完成されたルーティンをもつ一流のバッターたちと対峙しつづけられる環境に身を置くことが、ほかにも増して重要な意味をもつ。

「いくらファームで試合数をこなしても意味がない」

僕を含めたキャッチャー出身者の多くが、そういった趣旨のことをしばしば公言するのは、ここで言う〝影〟のような「違い」の判別に不可欠な情報のアップデートが、フォームやタイミングの取り方が「いつも違う」選手が大半の2軍にいては、到底望めない——ということを、自身の経験則として知っているからである。

「データ」と「感性」なら後者を信じる

では、事前に得ていたバッターのデータと、こうした自分の「観察」から導きだされた答えが違っていたときにはどうするか——。

答えは簡単。僕なら迷わず、自分の感性のほうを優先する。

それが「正しい」ことを如実に証明してくれたのが、僕自身がベストナイン（※57）にも選んでもらった、06年の第1回ＷＢＣだ。

もともと他国の事前情報がほとんどなかったこともあって、あの大会での僕は、対戦相手に対してまったくの無知。どの試合でも、その時々でバッターの反応を見ながら、リードをしていたような状態だった。

たとえば、日本にとっては負けられない一戦でもあった第2ラウンドのメキシコ戦（※58）。例によって予備知識のなかった僕は、とあるバ

※57　日本代表の正捕手として全8試合に出場した筆者は、打率4割9厘、1本塁打、5打点と攻守に活躍。MVPの松坂大輔、イチローとともに、ベストナインに相当する「優秀選手」に選出された。

※58　06年3月14日に行われた

ッターの打席で先発の松坂に対して、8球連続でインコースを要求した。

むろん、攻略法のわからないバッターに対しては、危険の少ないアウトコースを中心に組みたてるのがリードの〝セオリー〟。その選手のバックボーンや、「メジャー通算○本」といった簡易的なデータぐらいは当然知っているまわりからすれば、内心ヒヤヒヤだったことだろう。

だが、打席での立ち振るまいをつぶさに「観察」していたそのときの僕には、「絶対に打たれない」という自信があった。

言ってみれば、感性を鈍らせる要因ともなりえるデータやセオリーをあえて捨て、打席ごとの駆け引きに徹していたからこそ、そうした〝セオリー〟にないリードにも躊躇せずに済んだのだ。

実際、キャプテンを務めた宮本さん（※59）からは「おまえのリードは怖い」と言われたし、あの試合を観ていた解説者のなかには、僕のリードを「邪道」と指摘していた人もいたと聞く。

しかし、〝結果論〟でしか語れないリードは、試合に「勝つ」ことがすべて。日本代表の正捕手として、それがチームに優勝という最高の「結

第2ラウンドの第2戦。初戦でアメリカに敗れたうえに、続く第3戦には宿敵・韓国が控えていた日本にとっては、絶対に落とせない一戦だった。最終的には、韓国以外の3カ国が1勝2敗で並び、失点率のもっとも低い日本がかろうじて準決勝進出をモノにした。ちなみに、著者のマークした本塁打はこのメキシコ戦で放った2ラン。

※59 宮本慎也氏。12年に当時の歴代最年長記録となる41歳5カ月で2000本安打を達成。13年の現役引退まで19年間にわたってスワローズ一筋を貫いた。第1回WBCでは、井口資仁（当時・ホワイトソックス）の出場辞退を

果」をもたらしている以上、自分の感性を信じた僕のリードは「いいリード」だったということになるのである。

☆

なお、誤解のないようあらかじめ断っておくが、僕の真意は「データを見すぎるな」であって、「見るな」ということでは決してない。

対戦相手の長所・短所や傾向といった基本データはインプットしておくに越したことはないし、そうした判断材料が多ければ多いほど、打席での駆け引きも有利に行えることは間違いない。

僕が言いたいのは、時としてそれが邪魔にもなるということ。

自分の感性がせっかく「インコースで抑えられる」と告げているのに、そこで「いや、でもこの選手は去年メジャーで○本打ってるからな」と、余計なデータに判断を狂わされているようでは、元も子もない。

データを生かすも殺すも、自分次第。打たれたことをデータのせいに

受けて、代表に選出。アテネ、北京の両五輪でも大いに発揮されたそのキャプテンシーで、チームを世界一へと導いた。

するぐらいなら、僕は感性と〝心中〟するほうがずっといい。

捕手にとっての「嫌な打者」とは？

一方、どんなにバッターの〝影〟が見えようが、確信をもってインコースを攻めようが、打たれるときには打たれるのが、野球というもの。対戦していくなかでは、当然ながら〝嫌なバッター〟も大勢出てくる。

なかでも、僕がキャッチャーとしてリードをするうえで、もっとも「厄介だ」と感じていたのが、「本来はインコースが得意なのに、打席ではつねにアウトコースに意識を置いている」タイプ。

具体的には、確実性と長打力を兼ねそなえる糸井（※59）や内川（※60）、全盛期の阿部や中島（※61）といったあたりのバッターだ。

なにしろ、プロの1軍で活躍できるようなバッターには「打てない」コースは存在しない。長所（得意）とするコースが「なにも意識せずに打てる」レベルにまですでに到達している彼らの短所（苦手）は、あくまで「意識すれば打てる」であって、「打てない」ではないのである。

※59 糸井嘉男。ファイターズには投手として入団するも、3年目の06年に外野手へと転向。09年からバファローズ移籍後の14年までは史上初となる6年連続での打率3割超えをマークした。自己最多の53盗塁を決めた16年には、史上最年長の35歳2カ月で盗塁王のタイトル

内川聖一は、現役時代の著者が打ちとるのに苦慮した打者のひとりだった。

インコースが長所であることが最初からわかっていれば、キャッチャーとしては自然と、外、外へと意識がいく。

だが、糸井や阿部のようなタイプは、そうした僕らの思惑を見透かしたように、端からそちらにも意識を向けているわけだ。

判断を一歩間違えば、たちまち手痛い一発を浴びることにもなる彼らとの対戦は、こうした駆け引き、言わば〝腹の探りあい〟の連続。たとえ相手の意識を瞬時に察知して、その逆を突いたとしても、テクニックにも長ける彼らは、体勢を崩しながらも〝軽打〟で対応してくるのだから、これほど「厄介」な相手もいないのだ。

ちなみに、糸井らへの対処法が「駆け引きで読み負けないこと」だとすれば、中田（※62）や中村（※63）といったパワーヒッターに対しては、駆け引き以上に「とにかく自分の形で打たせないこと」が、なにより肝心。実際の対戦でも、軸やタイミングをいかに崩させるかに苦心した。

打たれる確率という意味では、前者のような怖さはないが、ゾーンに入ったときには一瞬で試合を決める破壊力をもつ彼らもまた、キャッチ

も獲得。オフにFA移籍を果たし、17年シーズンからは同じ関西のタイガースでプレーする。

※60 内川聖一。10年オフにFAでベイスターズからホークスに移籍。11年には史上2人目となる両リーグでの首位打者獲得を達成するなど、球界屈指の巧打者として活躍する。15年からは移籍組でありながら、4番・キャプテンとしてチームのV2を牽引するなど、工藤公康監督からの信頼も厚い。

※61 中島裕之。現在の登録名は「宏之」。高卒4年目の04年のブレイク以降、ライオンズの主力として活躍。2シーズンにわたるメジャー挑戦を経て、15年からはバファローズでプレーする。近年は相次ぐ故障もあって、やや精彩を欠くが、そのポテンシャルは間違いなく球界

ャーにとっては〝嫌なバッター〟だと言えるだろう。

☆

余談だが、現役だった頃の僕は、打たれても支障のないオープン戦などでは、新外国人や対戦経験の少ない若手バッターの「対応力」を見極めるために、意図的な〝インコース攻め〟をよくやった。

開幕までに、さまざまな球種や球速で試して、何度も「分析」を繰りかえしておけば、そのバッターの長所・短所は自ずとわかってくるし、「インコースが苦手だな」、「インコースしか打てないな」といったことがあらかじめ把握できるだけで、リードの幅も格段に広がる。

13年に本格的なブレイクを果たしたホークス・柳田（※64）のように、当初は2軍選手にありがちな〝引っぱり専門〟のバッティングしかできなかった若手が、突然、「おやっ？」と思わせる対応をみせはじめたときなどにも、こうした「分析」は大いに役に立つことだろう。

屈指のレベルにある。

※62　中田翔。当時新任だった栗山英樹監督の期待に応え、12年シーズンに大きく飛躍。14年からは3年連続となる100打点超え、2度の打点王にも輝くなど、押しも押されもしないファイターズの主軸として君臨する。

※63　中村剛也。「おかわり君」の愛称でも親しまれるライオンズが誇るスラッガー。故障の影響で2軍落ちを経験するなど16年シーズンは、不本意な成績に終わったが、それでもベストテン入りを果たす21本塁打をマークした。本塁打王のタイトル獲得回数6回は王貞治、野村克也に次ぐ、歴代3位。

※64　柳田悠岐。入団3年目の13年に一躍台頭。15年にはスワローズ・山田哲人とともに〝トリプルスリ

いいバッターとは、総じて、バッテリーとの駆け引きに長け、自分の長所にボールを〝呼びこむ〟スキルをもっているもの。

だからこそ、僕らキャッチャーは、実戦のなかで視界に入るあらゆるものを「観察」、「分析」して、データにとらわれない〝生きた情報〟をアップデートしつづけなければならないのだ。

ー〟の偉業を達成し、「新語・流行語大賞」にも選ばれた。なお、首位打者との同時獲得は史上初の快挙。ホークスの主力選手でありながら、「カープファン」であることを公言してはばからない、生粋の広島人でもある。

5回表

近頃よく聞く「誤審が増えた」は本当か？

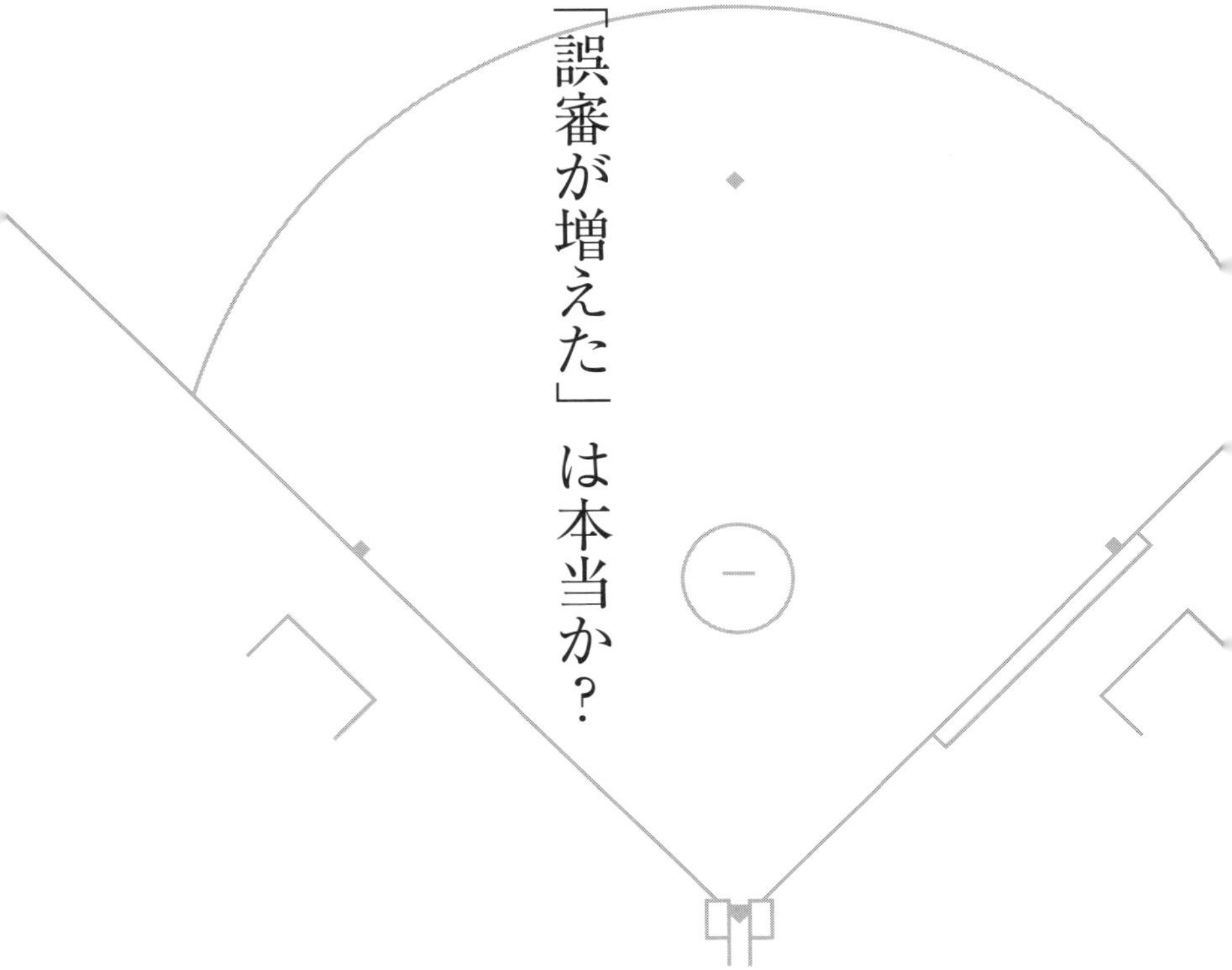

ファンが「誤審が増えた」と思う理由

「最近のプロ野球は、誤審が多いよね」

「昔と比べても審判の技術はあきらかに落ちてるよね」

現役を引退して解説者になってみると、これまではあまり聞くことのなかったそういった声も、僕のもとにはよく届く。

とはいえ、果たして本当にそうなのか——。

結論から先に書いてしまえば、それは「錯覚」。正確には、インターネットやSNSが普及したことによって、決定的な場面を切りとった画像や動画を「目にする機会が増えた」だけだと、僕は思う。

なにしろいまは、その気になれば、セ・パ両リーグの全試合がリアルタイムで観られるうえに、それを観ている観客、視聴者の一人ひとりが瞬時に情報を拡散、共有できるツールをもっている時代である。

一つひとつの判定を誰もが「検証」できて、その結果をすかさず「共有」までしてしまえる現在と、仮に「誤審」があっても、ほとんどはその場かぎり――クローズアップされるとしても、年に2回の『珍プレー・好プレー』（※65）などで面白おかしく取りあげられるのがせいぜいだった昔とでは〝野球の見方〟からしてまったく違うというのが正直なところでもあるわけだ。

もちろん、コリジョンルール（※66）が導入された16年シーズンにかぎって言うなら、僕の目からみても、「わかりにくい」判定はたしかに多かったし、それによって「野球の醍醐味が失われている」という指摘に対しては、球界全体が真摯に向きあう必要はあるだろう。

だが、審判も選手と同じく、その道のプロ。

情報ツールの浸透によって、たまたま多くの人の目にふれるようになった「誤審」だけをもって、公平中立の立場で日々の職務をまっとうする彼らの技術を「落ちた」と断じるのは、あまりに酷というほかない。

そもそも、キャッチャーとして、もっとも近しいポジションで彼らと接してきた僕からすれば、「昔」より「いま」のほうが、審判技術は「上がっている」というのが実感でもある。

※65 『プロ野球珍プレー・好プレー大賞』。83年から05年まで、20年以上もの長きにわたり、夏・秋の風物詩として愛されたフジテレビ制作のスポーツ特番。みのもんた氏がすべてアドリブでこなしたという、軽妙なナレーションも人気を博した。10年以降は、中居正広氏の冠特番としてリニューアルされ、現在に至る。

※66 危険なクロスプレーを未然に防ぐことを目的に16年から導入された衝突（＝コリジョン）回避の新ルール。基本的には捕手の本塁ブロックと、走者のタックルの双方を禁止したものだが、その線引きが曖昧なために不可解な判定が続出した。

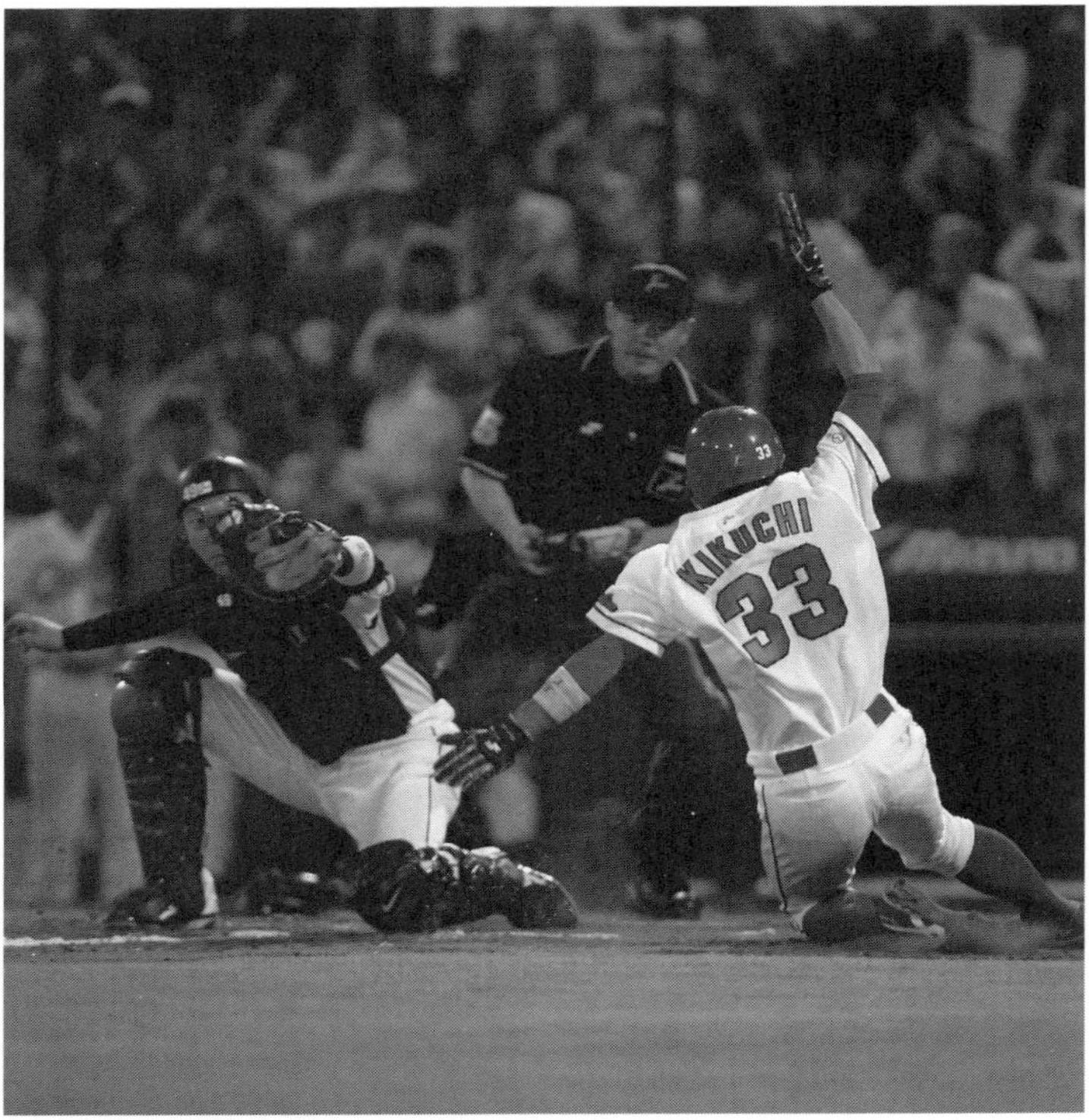

16年シーズンには、適用されたコリジョンルールが勝敗をわけた試合も実際にあった。

およそ0・5秒という速さでミットに収まるボールを、試合のたびに300球近くも裁きつづけるその労力は、敬意を払いこそすれ、槍玉にあげて目くじらを立てるようものではないのである。

「巨人びいき」の露骨な判定は実在する？

「ならば、〝公平中立〟をうたいながら、あきらかに特定のチームをひいきするような審判がいるのはどういうわけだ」

コアな野球ファンのなかには、いわゆる「巨人びいき」と呼ばれる判定などを念頭において、そう反論される方もいるだろう。

だがこれも、さきに挙げた「錯覚」と理屈は同じ。僕からすれば、ジャイアンツというチームが、ほかとは比べものにならないほど「目につきやすい」存在であることがもたらす「悪印象」の結果でしかない。

白黒をつけることがスポーツの最大の目的である以上、一方のチームの利益が、もう一方の不利益になるのは当然のことだし、それがどんなに微妙なタイミングであっても、そこにひとたび〝損得〟がからめば、「損をさせられた」側は反発したくなるのが人間のつね。

選手やファンが審判の判定に抱く「不服」のほとんどが、こうした損得感情に起因していることを考えれば、注目度がもともと高く、俗に言う〝アンチ〟の方々からも「目につきやすい」ジャイアンツ戦がしばしば俎上に載せられるのは、むしろ自然な流れだと言っていい。

つまり、観客、視聴者の総数がほかより多く、最初から「悪印象」をもった人の割合も高いジャイアンツ戦では、相手に「損をした」と感じさせたときの「反発」もことさら大きくなるだけのこと。

言いかえれば、ジャイアンツが、いつの時代も人気と実力を兼ねそなえた「強い」チームだったからこそ、相手にとっての「損」が、「負け」に直接結びつくシチュエーションも増加。あたかも「ひいき」が実在するかのような見方が広く定着することにもなったのだ。

むろん、時として「誤審」は起こりうるものだし、それが結果的にジャイアンツの「利益」になることだって当然ある。

だが、損得を抜きにしたフラットな視点でみれば、「巨人びいき」なる意図的な判定は「存在しない」というのが、僕の見解。

でなければ、06年のマリーンズとの交流戦で、スンちゃんが「ベースの踏み忘れ」でホームランを取り消された一件（※67）などは、起きたこと自体が「おかしい」ということにもなるはずだ。

故意に「演技」をする余裕などない

ちなみに、「巨人びいき」の「誤審」の例で言うなら、ジャイアンツが日本一になった12年の日本シリーズ第5戦。いわゆる〝疑惑のデッドボール〟（※68）なども、みなさんの記憶には新しいところだろう。

結果から言えば、実際には「当たっていなかった」わけだし、投げたファイターズ・多田野（※69）に対する「危険球退場」の判定はあきらかな「誤審」。事の発端となったジャイアンツ・加藤（※70）の〝演技〟にもまったく問題がなかったとは言いがたい。

とはいえ、あの〝演技〟が罵詈雑言を浴びせられるほどの悪質なものだったかと言えば、決してそんなことはないだろう。

※67 06年6月11日に千葉マリンで行われたマリーンズ対ジャイアンツの交流戦で起きた珍事。3塁を守る今江敏晃（現・イーグルス）が、ランナーだった小関竜也（現・ジャイアンツ2軍打撃コーチ）の「ベース踏み忘れ」をアピールしたことで判定が一転。打った李承燁の2ランホームランが無効とされた。ジャイアンツ側は猛抗議をするも、結局、判定は覆らず。後日、正式に抗議文を提出した。

※68 12年11月1日に行われたファイターズ対ジャイアンツの日本シリーズ第5戦（札幌ドーム）で起きた〝事件〟。ファイターズの2番手・多田野数人の投じたボールが、打席でバントの構えをしていたジ

そもそも、あんな〝演技〟を確信犯でやれるほどの芸達者は、球界広しと言えどもそうはいないし、実績も経験も少ない加藤のような選手にそんな余裕は皆無。本人が当時していた「なにが起こったかわからなかった」なるコメントはウソ偽りのない本心だったと、僕は思う。

これを読んでいるみなさんも、路上を歩いているときに、もし自動車と接触しそうになったら、それが実際には当たらなかったとしても、自然と「危なかった。死ぬかと思った！」といった顔をするだろう。

僕から言わせれば、日本中から〝悪人〟扱いをされた彼も、それと同じ状態になっただけ。それを多少「盛った」ことが罪だと言うなら、デッドボールのアピールプレーで名を馳せた達川さんや市川さん（※71）などは稀代の〝大悪人〟ということにもなるはずだ。

達川さんのプレーが、いまなお「世紀を超えて」愛されている一方で、くだんの一件が〝世紀の大誤審〟と騒がれたのは、それが日本シリーズという大舞台で起きた〝事件〟だったからにほかならない。

もしあれが日本シリーズでなかったら、その当事者がジャイアンツの

ャイアンツ・加藤健の頭部付近を通過。これに加藤が昏倒するような仕草をみせたことから、球審は当初のファウルを覆して、「危険球」による死球と判定。多田野に対しては、シリーズ初の「危険球退場」が告げられた。

※69 多田野数人。07年のドラフト1巡目で入団。母校・八千代松陰高を初の甲子園に導いた〝松坂世代〟屈指の右腕。指名が確実視されていた立教大4年時に浮上したスキャンダルの影響で、MLB経由という、異例のプロ入りとなった。60キロ台の超スローボール〝ただのボール〟でも有名。16年からはコーチ兼任投手としてBC・石川に在籍する。

※70 加藤健氏。新発田農から98年のドラフト3位で入団後、16年オフの引退までジャイアンツ一筋の控

選手でなかったら……おそらくは、いまやほとんどの人が覚えていないレベルの単なる「誤審」で終息していたに違いない。

間違うのは審判の「専売特許」ではない

かく言う僕自身にしたって、エキサイトしているプレー中には、ファンの方々と同じように「いまのは絶対入ってたやろ！」、「なんでいまのがアウトやねん！」と思う瞬間は、何度もあった。

判定ひとつが試合結果やペナントの行方を左右することもある以上、「誤審」はないに越したことはないし、責任の所在がうやむやになりがちな現在の状況には、改善の余地も大いにあると言えるだろう。

だが、間違えるのは、僕らも同じ。判定に激しく抗議をした選手や監督のほうが間違っていることだって、結果的には多々あるのだから、僕からすれば、そもそもの話が「お互いさま」だと思うのだ。

たとえば、僕も代表メンバーのひとりとして出場した第1回WBCの第2ラウンド・韓国戦では、ランナーにタッチに行った今江の落球（※

え捕手として存在感を発揮した。12年シーズンの出場もわずか13試合と少なく、一躍脚光を浴びたくだんの試合は、正捕手・阿部慎之助の負傷欠場でめぐってきた数少ないスタメン機会でもあった。17年からは、BC・新潟の球団社長補佐として故郷・新潟で活躍する。

※71 カープの正捕手として一時代を築いた達川光男氏（現・ホークス1軍ヘッドコーチ）と、同時期にホエールズで活躍した市川和正氏。実際には当たっていなくても「当たった！」と主張するなど、ともに審判の目を欺くトリックプレーを多用したことから、〝西の達川、東の市川〟と並び称され、前出『珍プレー・好プレー』にも頻繁に登場した。

※72 06年3月15日に行われた

72）が決勝点につながったが、あの場面で抗議に行った僕らの判断が間違っていたことは、みなさんもよくご存じのとおり。

アメリカ戦で起きた、西岡のタッチアップをめぐる〝大誤審〟（※73）で「損をさせられた」直後とあって、その場にいた僕らも「またかよ！」という気分ではあったものの、リプレイを観れば「落としている」のは一目瞭然。正しいのはがぜん審判のほうだったというわけだ。

☆

だいたい、「ストライクゾーン」ひとつをとっても、『公認野球規則』には、「打者の胸元からひざ上までの本塁上の空間」（※74）という範囲の明示があるだけ。それをどう解釈、判定するかは、国によっても審判によっても大きく異なるのが、野球というスポーツだ。

だとすれば、ヘタに盾を突いて審判の心証を悪くするより、そうした「地域差」、「個人差」をいち早く把握して、そこに寄せる努力をしてい

韓国戦のハイライトとなったシーン。0対0で迎えた8回表に、1死1塁からのセンター前ヒットで3塁を狙ったランナーに今江がタッチに行くも、これを落球して2・3塁とピンチが拡大。直後に決勝の2点タイムリーを浴びて、第1ラウンドに続く2度目の敗北を喫することとなった。

※73 06年3月12日の第2ラウンド・アメリカ戦で起きた〝世紀の大誤審〟。3対3の同点で迎えた8回表に、1死満塁から岩村明憲がレフトへ犠牲フライを放って、3塁走者の西岡剛が生還するも、アメリカ側からの「離塁が早い」という抗議で判定が覆って、得点は無効。結局、日本はサヨナラ負けを喫することに。

※74 正確には、「バッターの肩の上部とユニフォームの

くほうが賢い選択というもの。キャッチャーの立場からすれば、すべての球審の「クセ」や「傾向」もまた、対戦相手のデータと同様の事前情報のひとつとして頭に入れておくべきものでもあるわけだ。

では、実際の試合で「いまのはどうかな?」と思ったときには、どうするべきか——。

僕ならその都度、ただひと言。「いっぱい?」と聞くだけ。

そこで「いっぱいだ」となれば、「ここまでは取るんやな」という認識ができるし、「もうちょっとあるよ」と言われたなら、こちらの思うゾーンを気持ち広くしていけばいいのである。

むろん、そこには、「もうそれ以上は取らないでよ」と暗にクギを刺している部分もあるにはある。だが、ゾーンの線引きをお互いが確認できればいいわけだから、「いっぱい?」だけでも事は足りる。

野球にかぎらず、人と人の関係に「間違い」はつきもの。「お互いさま」だと思えばこそ、相手を刺激するような文言は極力避けて、良好な関係を築いておくのが、自分にとっての「得」なのだ。

ズボンの上部との中間点に引いた水平のラインを上限とし、膝頭の下部のラインを下限とする本塁上の空間をいう。このストライクゾーンはバッターが打つための姿勢で決定されるべきである」と規定されている。

5回裏

「決められたルール」に従うのがプロである

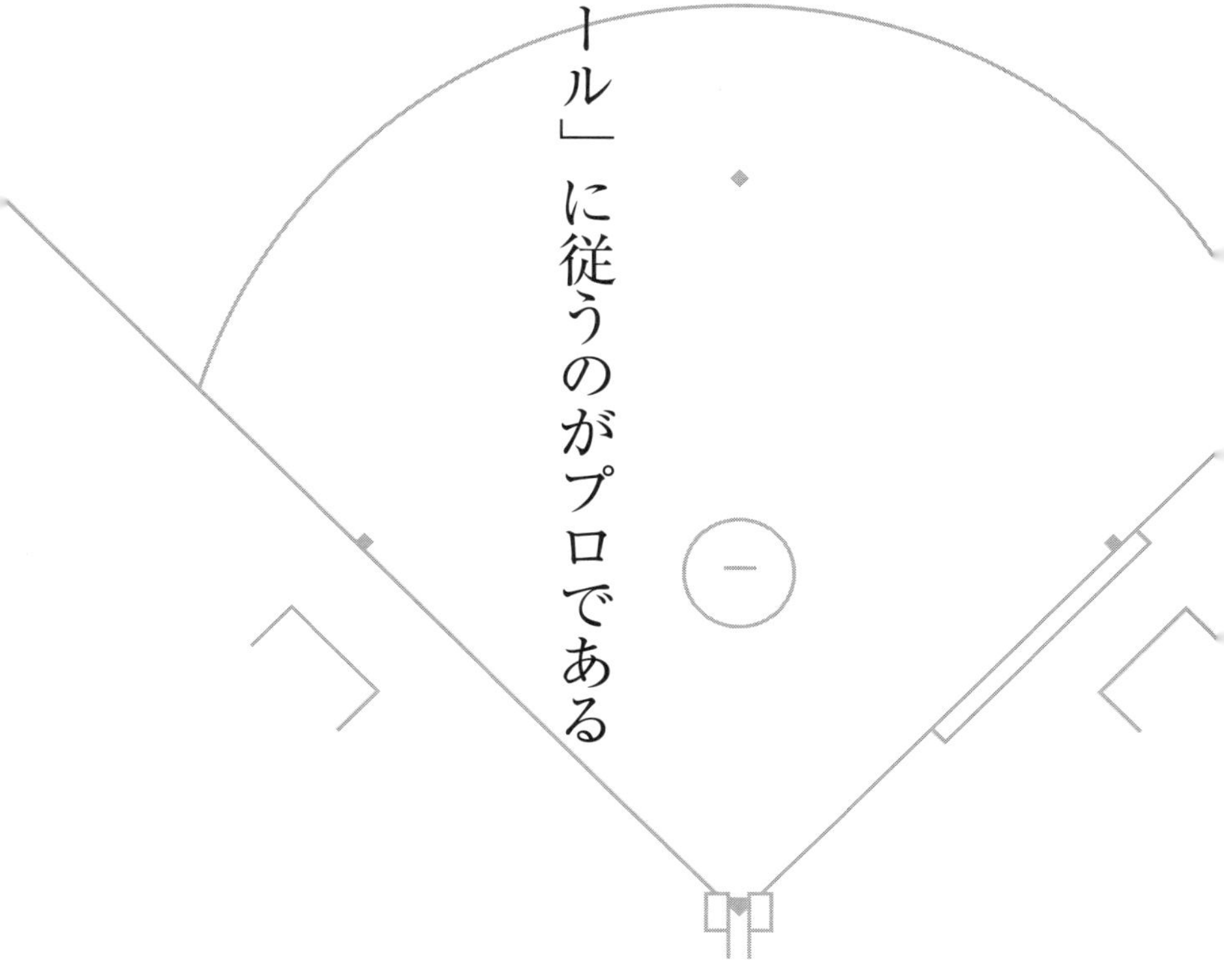

ルールの「曖昧さ」は混乱を招くだけ

16年シーズンは、危険な本塁クロスプレーの回避を目的として新たに導入された「コリジョンルール」に揺れに揺れた。

開幕直後から噴出していた判定への不満を受けて、後半戦からはさらなる変更を加えた〝新基準〟（※75）の運用もスタートしたが、それでもやはり現場は混乱。初適用となった7月31日のマリーンズ対イーグルスの一戦では、あきらかに左足を地面につけて本塁を隠しにいっているように「見えた」キャッチャー・嶋の動きが、結果的に「ＯＫ」とされる（※76）など、いぜん「わかりにくい」状況がつづいている。

もちろん、選手生命にもかかわる深刻な怪我を未然に防ぐという意味では「コリジョン」にもメリットはあるし、ルールで決められた以上はそれらを遵守してプレーをするのがプロでもある。

だが、どこからがアウトでどこまでがセーフか——という、いちばん肝心な線引きが曖昧なままの現状では、ベンチの監督・選手、ファンと

※75　要旨は大きく変わらないが、「守備側の選手は走路に入らない」という基準が厳格に適用されてきた従来のルールに対し、〝新基準〟では、「送球がそれて守備者が走路に入らずには守備できなかった、および走者との接触が避けられなかったと審判員が判断した場合は本規則を適用しない」と適用条件がやや緩和された。

※76　1回1死2塁から本塁に突入してアウトとされたランナー・岡田幸文が猛アピールをするも、判定は覆らず、もう一方の当

いった当事者以外の「観ている側」が不満をもつのも無理はない。

誰もが守るべきルールであるなら、誰もが「いまのは仕方ない」と納得できるぐらいに細かく明文化するのが筋というもの。いくら「これが新しいルールです」と言ったところで、同じプレーの判定が、審判によってコロコロ変わってしまうようでは、誰にとっても得はない。

では、どう書けば、誰もが「納得」できるのか。僕がもしルールを決める立場にいたなら、〝里崎流コリジョン〟は次のように規定する。

① ボールを持っていない状態のキャッチャーは、必ず本塁の前後に立たなければならない。

② ①と同様の状態のときは、3塁ベースと本塁の2点を線で結んだ走路上にも立ち入ってはいけない。

③ ランナーがダートサークルに進入するまえに、キャッチャーが捕球をした場合、ランナーはタックルに行ってはいけない。

④ ③の状況下であっても、キャッチャーがランナー側に向けた

事者である捕手・嶋基宏には「警告」が出された。審判団からは、「捕手がブロックをした場合は厳格に適用する」とアナウンスされているが、なにをもって「ブロックした」と判断するかは、各審判の裁量次第。そうした懸念が表面化する格好に。

ヒザ、スネをべったり地面につけて本塁をブロックした場合は、ランナーのタックルも不可抗力とする。

これならば、審判によって判定がバラつく元凶ともなっている「送球がそれて走路に入らないと守備ができなかった場合」の判断もつきやすいし、端で「観ている側」にもその判定の可否は一目瞭然。あとから判定が覆るといった〝不満材料〟は、おそらく格段に減るに違いない。

ちなみに、巷では「ランナーのタックル」だけを〝悪者〟にするかのような意見が目につくが、もしクロスプレーに善悪があるとすれば、悪いのは圧倒的にキャッチャーのほう。ランナーを〝悪者〟にしたがる多くの人のなかでは、キャッチャーがブロックをするからこそ、逃げ場をなくしたランナーはタックルに行くのだ——という〝そもそも論〟が置きざりにされているような気がしなくもない。

キャッチャーだった立場からすれば、自分からブロックに行っている以上、クロスプレーが「危険」なことは百も承知。そこでいざ「危険」

なシーンに遭遇したからと言って、キャッチャーの側から「危ないじゃないか！」と文句をつけるのは間違っていると思うのだ。

もっとも、ルールなんてものは、それが中途半端でさえなければなんだっていい、というのが基本的な僕の考え。極端に言えば、「なにがどうなったら、そうなるのか」が、選手やファンといった「観ている側」に明確で、それが「納得」できるものでさえあるなら、「本塁ブロックもタックルも両方ＯＫにします」であってもいい。

ルールの適切な運用を重視するあまりに、もっとも優先するべき、そうした「観ている側」の視点が抜けおちてしまっては、それこそ本末転倒。選手の安全を考えてせっかく作られたルールが、かつての〝新ストライクゾーン〟（※77）や〝2段モーション〟（※78）のような「なし崩し」になってしまうことがないよう、「誰のためのルールか」という部分にこそ、もっと重きを置いて運用してほしいと、つとに思う。

※77　02年シーズンに導入。打者の「ベルト」付近までが上限だったゾーンが、公認野球規則の記述に準じるかたちで「胸元」にまで引きあげられたが、公式なアナウンスのないまま、翌年以降は従来のゾーンに回帰した。

判定を機械任せにすることの是非

一方、こうまで「判定」をめぐるトラブルが頻発すると、「判定は機械に任せればいい」といった〝審判不要論〟も必ず出てくる。

たしかに、メジャーリーグでは01年以降、全投球を監視して審判の技量を評価する『クエステック・システム』（※79）なる〝機械〟の導入が進んでいるし、フェンシングや競泳のように、正式採用されている競技もすでにある。機械の精度がこの先もっと上がれば、近い将来、人間の審判がいなくなる可能性だってあるだろう。

だが、仮に人間の審判がやるより判定の一貫性が高まったとしても、人間には起こりえない〝誤作動〟も起こすのが機械というもの。

電気系統のトラブルで正常な「判定」ができなくなったときにはどうするのか。05年の日本シリーズ第1戦（※80）のような濃霧や雨のときの識別能力はどうなのか。はたまた、年に数試合しか公式戦を開催しない地方球場へのカメラの設置は、誰が負担するのか——。

※78　前述のストライクゾーンと同様、「野球の国際化」を目的として、06年シーズンから導入された。この決定により、それまでは黙認されていた〝2段モーション〟が「ボーク」とされる可能性が高まり、16年かぎりで引退した〝ハマの番長〟三浦大輔氏や当時イーグルスの岩隈久志（現・マリナーズ）ら、多くの投手がフォーム改造を余儀なくされた。ただ、その線引きは不明瞭で、10年以上が経った現在では、「当時の基準で言えばアウト」と思しき投手も少なくない。

※79　球審の技術向上を目的に導入されたクエステック社製の監視・評価システム。各所に配置されたカメラにより投手の全投球を解析し、試合後に球審の判定と比較することで、その技能をチェックする。一致率90％以上が

そうしたイレギュラーな出来事、問題への万全の対策がないかぎりは、結局、人間が審判をするのと同じレベルか、それ以上の不満が噴出することになるのが関の山だと、僕は思う。

スコアボードに無関係な選手名が表示されたり、スピードガンが170キロの表示をしたり……といった程度の〝誤作動〟なら笑えても、それが勝敗をわける重要な局面ともなれば、そうは問屋が卸さない。

人がする判定より確実、という大義名分のもとに導入する以上は、機械が壊れたらその瞬間に試合まで壊れる——では、ダメなのだ。

さきにも挙げた一部の例外をのぞいて、ほぼすべてのスポーツで、現在も人間の審判によって「判定」が行われているのは、あらゆる場面においてそこに機械以上の合理性があるからにほかならない。

実際問題、すでに行われている「ビデオ判定」（※81）にしたところで、現行の制度では、審判団が小さなモニターでVTRを確認するだけ。場合によっては、テレビカメラが打球を「追えていない」ことすらあるレベルなのだから、これを本来的な意味での「機械化」にまで引きあげる

及第点とされ、それを下回る審判には、重要な試合を裁かせない、といったペナルティが暗黙のうちに科されている。

※80 05年10月22日に千葉マリンで行われたマリーンズ対タイガースの一戦で起きたシリーズ史上初の珍事。球場内に立ちこめた濃霧によって試合の続行が不可能となり、7回裏1死の時点でコールドゲームが宣告された。

※81 セ・リーグでの試験運用を経て、10年シーズンよりセ・パ両リーグで導入された。現段階では、チーム側から検証を要求できるMLBのような〝チャレンジ方式〟は採用され

ためには、莫大な予算と労力が必要にもなるだろう。

バカにならないお金をかけて、すべての球場にどんなボールも見逃さない動体センサーを完備することが、本当に必要なことなのか。

僕からすれば、そんなことに注力するくらいなら、ライト&レフトのポールの真下に、かつてのような線審を常時配置するほうが、よっぽど確実かつ合理的だと思えるのだが、果たして、みなさんはどうだろう。

リスクを「覚悟」するのもプロの使命

ところで、僕自身は現役時代を通じて、キャッチャーが「割にあわないポジション」だと思ったことは一度もないし、「コリジョン」の必要性を感じた経験も、正直に言っていっさいない。

なにしろ、本塁クロスプレーの〝1点死守〟は、打撃で言えばホームランにも匹敵するキャッチャーにとっての最大の見せ場。怪我をするリスクと引き替えにしてでも背負うに値する〝宿命〟でもあるからだ。

そりゃもちろん、ただでさえガタイのいい外国人選手にまともに突っ

ておらず、判定が行えるのも、12球団の本拠地球場のみ。視聴環境も、球場によって、かなりバラつきがあるのが実情。

こんでこられるのは、誰だって怖い。僕自身も、クロスプレーが原因の骨折を2度も経験（※82）しているし、できることなら避けてタッチに行きたいというのが、すべてのキャッチャーの本音でもあるだろう。

だが、たとえキャッチャーが飛ばされたことに自軍のベンチが猛抗議をしてくれたとしても、「ケガをしては困るから、ああいう場面では逃げてもいいぞ」なんてことには絶対にならないのが、プロの世界。

そこで当のキャッチャーが逃げ腰になろうものなら、相手に向けられていたはずの批判の矛先は、たちまちこちらを向くことになる以上、リスクを承知でブロックに行って、それまで積みあげてきた信用と信頼をも〝死守〟するのが、僕らの果たすべき役割だったというわけだ。

そもそも、「コリジョン」導入の直接的なきっかけとなった当時タイガースのマートンとスワローズ・西田の一件（※83）にしたって、僕からすれば「よくあること」。たまたまそれがこれまでにも〝遺恨〟のあった両者のあいだで起きたことで、騒ぎが大きくなっただけなのだ。

実際問題、翌日の横浜スタジアムで起きていた、ベイスターズ・高城

※82 1度目は、06年に当時イーグルスのリック・ショートとの本塁クロスプレーで。2度目となった13年は、当時ホークスのブライアン・ラヘアとの交錯が原因だった。

※83 15年5月13日に神宮球場で行われた一戦で勃発した〝事件〟。タッチアップで本塁突入を試みたマット・マートンが、相手捕手・西田明央に激しいタックルを見舞ったこと

にドラゴンズ・ルナが突進するという〝あわや〟のシーン（※84）が、ほとんど話題にすらのぼらなかったことを考えても、くだんの当事者がもし〝前科〟のあるマートンでなかったら、ここまでの〝悪目立ち〟をすることも、おそらくなかったに違いない。

☆

ともあれ、あのような「危険なクロスプレー」が起こるのも、ひとえにそれが1点を争うような緊迫した試合展開であるがゆえ。

いくら〝宿命〟とは言っても、ボロ負けしている試合では、キャッチャーのほうもわざわざ身体を張ってブロックに行くことはないのだから、時として起こりうる〝衝突〟については「仕方のないもの」として許容をする寛容さがあってもいいと、僕は思う。

WBCのような国際大会をより有利に戦っていくためにも、ルールをその都度改正していくことには、僕自身も異論はない。

で、両軍がベンチから飛びだす一触即発の事態となった。ちなみに、当のマートンは、2年前の13年5月12日にも似たような状況下で捕手だった田中雅彦（現・BC福井バッテリーコーチ）を骨折させているうえに、同年9月14日には、同じく捕手の相川亮二（現・ジャイアンツ）と大乱闘を演じるなど、スワローズにとっては〝因縁〟浅からぬ相手でもあった。

※84　1塁ランナーだったエクトル・ルナが、続くリカルド・ナニータの2ベースで本塁に突入。このとき、ルナ自身はタックルも辞さない姿勢で突進していたが、捕球体勢に入った捕手・高城俊人が偶然、身体をかがめたことから、致命的な衝突は免れた。「少しでもズレていたら、まともに食らって

だが、〝危険〟とはつねに表裏一体でもあるスポーツの場において、たまたま「目につきやすかった」事例だけをことさらに大きく取りあげて、「危険だから」と、安易に「禁止事項」を増やしていくのは、いささか性急に過ぎるのではないだろうか。

ルールを遵守してプレーをするのがプロなら、クロスプレーや〝併殺くずし〟。バットの直撃（※85）といった、試合中に起こりうるあらゆるリスクに備えて必要なスキルを会得するのもプロの使命。

裏をかえせば、それらすべてを〝宿命〟として受けいれる〝覚悟〟を決めることが、プロとしての第一歩でもあるのである。

いた」とは著者の談。

※85 16年7月24日、8月2日の2試合で、スワローズの主砲ウラディミール・バレンティンの空振りしたバットが相次いで捕手の頭部を直撃。前者ではドラゴンズ・杉山翔大が、後者ではカープ・石原慶幸が、それぞれ負傷退場することに。また、17年4月4日の試合でも、ホークス・デスパイネとイーグルス・嶋、ライオンズ・メヒアとバファローズ・若月健矢のあいだでそれぞれ同様の事態が勃発。両捕手が途中交代を余儀なくされている。

6回表

「強打者＝クリーンアップ」が最善の策とはかぎらない

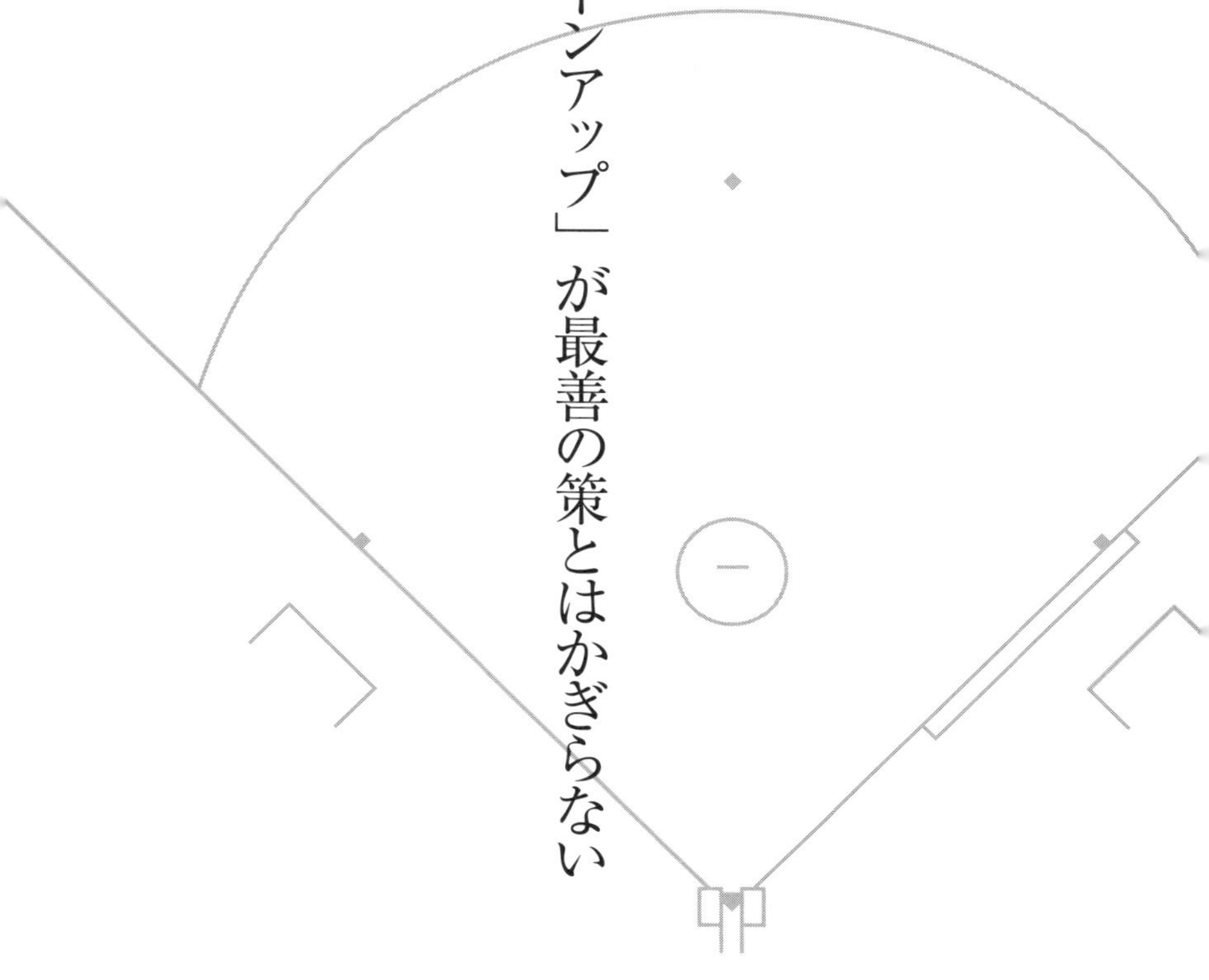

「○番最強説」にモノ申す

野球ファンなら必ず盛りあがる〝テッパン〟な話題のひとつに〝○番バッター最強説〟というものがある。

4番なのか、3番なのか、はたまた2番なのか――。「チーム屈指の好打者をどの打順に置くのがベストか」という、この永遠の命題は、おそらくみなさんのなかでも、大いに意見のわかれるところだろう。

では、僕自身は「何番派」なのかと言えば……。残念ながら、「どれでもない」というのが正直なところ。

チームとしての最優先事項が「試合に勝つこと」だとするなら、まず考えるべきは「誰にどんな役割をもたせて点を取っていくのか」という合理的な戦略であって、「誰を何番にするか」はさほど重要ではないというのが、僕の考えでもあるからだ。

そもそも、打順が戦況に直接関係してくるのは、ザックリ言って、初回だけ。イニングによっては、ランナーを文字どおりに〝クリーンアップ＝掃除〟することが役割であるはずの主軸から始まることだってザラにあるのだから、1番が出塁して、2番が送って、3番で返す――などというセオリーに固執する必要性はまったくない。

テレビ中継やスポーツ紙などでは、監督やバッティングコーチが、負け試合のあとで「得点圏にランナーを出してもあと1本が出ない。つながりが悪い」などとコメントしているのをよく見かけるが、その「つながりの悪い」打順に決めたのは、ほかならぬ彼ら。

もし仮に打順が〝打線〟として機能しなかったのであれば、選手たちのせいになどせず、その試合の反省点や過去の対戦成績、試合当日のコンディションといった、さまざまな要素をふまえて、少しでも「つながり」がよくなるように組みなおせばいいだけのことなのだ。

もちろん、打順をコロコロ変えることをいさぎよしとしない風潮も一方では根強くあるし、チームの〝顔〟であるクリーンアップには「不動の」という形容詞がシックリくるようなスラッガータイプの選手にこそ座ってほしい、というファン心理もわからなくはない。

12球団で唯一、4番バッターが〝第〇代〟といった称号をつけて呼ばれるジャイアンツで、中井や大田といった若手を相次いで4番に起用した15年シーズンの原監督の采配が、一部のファンから批判を浴びた一件（※86）などは、そうした心理の最たる例でもあるだろう。

だが、くだんの打順が、どんなに「ジャイアンツらしくない」と物議を醸したとしても、「チームが弱くなってもいいから、伝統は重んじるべきだ」なんて言う人は、どこを探してもいないはず。

これまでと変わらず〝ジャイアンツの4番〟が特別な存在であるためには、大前提として、チームそのものが〝強いジャイアンツ〟でありつづける必要がある以上、原監督がくだした判断は、「勝てる」確率を少しでも高めるという意味でも、極めて合理的だったというわけだ。

現有戦力をきっちり把握し、選手の能力を最大限に引きあげて、自分のやりたい戦術にアジャストさせることが監督の本分だとすれば、状況に応じて、その都度、打順を組みかえることも必要なプロセス。

それらの試行錯誤をかさねながら、選手というコマを「歩」から「と」

※86　故障を抱える阿部慎之助に代わって坂本勇人が入った4月11日以降、シーズン終了までに8人が4番を経験。とりわけ、同29日に1試合だけ抜擢された中井大介、翌30日から10試合で4番を務めた大田泰示（現・ファイターズ）らの起用が物議を醸すこととなった。

にしていくのが、指揮官のあるべき姿だと、僕は思う。

「マジック」と呼ばれたボビー采配

ところで、読者のみなさんもすでにお察しのように、僕自身のこうした考えは、かつてマリーンズを率いたボビー・バレンタイン監督のもとで長くプレーをしたことによって培われた部分が、かなり大きい。

なにしろ、ボビー時代の打順は、本来なら上位打線になど座ることのない僕のような選手さえもが、1番以外の全打順でスタメンを経験した（※87）ほど、文字どおりの〝日替わり〟ぶり。

日本一になった05年シーズンにかぎってみれば、僕らのほうが把握しきれないほど目まぐるしく打順を動かしながらも、チーム全体としてはリーグトップの打率2割8分2厘という好成績を叩きだしていたのだから、その采配はまさしく〝マジック〟だったと言っていい。

では、そんなボビー采配のなにが〝マジック〟だったのか——。

僕が思う彼のスゴさは、誰ひとりとして「不動」を作らず、それぞれ

※87　1番のみ未経験だった著者は、自身の引退試合となった14年9月28日のバファローズ戦に「1番・DH」でスタメン出場。史上初の「全打順本塁打」の期待もあったが、2打席ともに三振に倒れ、快挙達成はならなかった。

に打線における「役割分担」を徹底させたこと。これに尽きる。

つまり、「出る人」と「返す人」の役割を明確にし、データからわかる相手との相性やその日のコンディションをふまえたうえで、「誰に何番を打たせるか」ではなく、「誰が誰のあとを打つのが効率的か」を考えて打順を組むのが、ボビー采配の常道だったというわけだ。

参考までに、05年のペナントレースで実際にあったスターティングオーダーの一例（※88）を挙げると、次のようになる。

①西岡剛（ショート）　出塁率3割2分／打点48
②堀幸一（セカンド）　出塁率3割5分7厘／打点46
③福浦和也（ファースト）　出塁率3割6分3厘／打点72
④ベニー・アグバヤニ（センター）　出塁率3割3分4厘／打点71
⑤マット・フランコ（DH）　出塁率3割7分2厘／打点78
⑥里崎智也（キャッチャー）　出塁率3割6分1厘／打点52
⑦李承燁（レフト）　出塁率3割1分5厘／打点82

※88　著者との併用で72試合に出場した橋本将や、同じく西岡との併用で118試合の小坂誠（現・ジャイアンツ2軍内野守備走塁コーチ）、外野の一角を担った96試合の大塚明（現・マリーンズ2軍外野守備走塁コーチ）らも、それぞれ3割5分を超える出塁率をマークする活躍をみせた。なお、〝つなぎの4番〟として一躍脚光を浴びたサブローが、実際にスタメンで4番に座ったのはポストシーズンを除けば、わずか31試

⑧サブロー（ライト）　出塁率3割8分／打点50
⑨今江敏晃（サード）　出塁率3割5分3厘／打点71

全員が3割を超える出塁率をマークし、それなりに打点も稼げていたこの顔ぶれを見れば、僕の言わんとしている「誰が何番かは重要ではない」ということが、おおよそおわかりいただけることだろう。

イニングの先頭がどこから始まろうと、その都度、誰もが「出る人」にも「返す人」にもなれるうえに、たとえ福浦さん、ベニー、フランコのクリーンアップを、僕、スンちゃん、サブの3人とそっくりそのまま入れかえたとしても、なんの遜色もなく機能する――。

それこそが、〝マリンガン打線〟とも称された、当時のマリーンズの最大の強みであり、ボビーが一貫して実践しつづけた、チーム本位の戦術に徹するという〝マジック〟の本質でもあったのだ。

合のみである。

日本一に輝いた05年は、著者にとっても生涯忘れられないシーズンとなった。

理想的なチームと個人の理想は「別物」

もっとも、自身の成績が年俸にも直結する選手の立場からすれば、理想はあくまで「全試合にスタメンで出る」こと。

猛打賞をマークした次の日ですらベンチスタートになることも少なくなかった〝ボビー・マジック〟と、固定された打順でスタメンまで確約してもらえるオーソドックスな采配のどちらがいいかを尋ねられたら、レギュラークラスの大多数は迷わず〝後者〟を選ぶことだろう。

だが、チームとしての方針が、たとえ自身の意にそぐわない〝前者〟であったとしても、そこで最大限の力を発揮できるように、粛々と準備をしていくのが、監督の「コマ」としての選手の務め。

スタメンを外された程度で、「なんで俺を出さないんだ」と不満を募らせるぐらいなら、「今日は休養日」と割りきって、ベンチからまわりの選手の動きを観察することに意識を切りかえたほうが、よっぽど自分自身にとってのプラスにもなると、僕は思う。

そもそも、打率3割を打つチームの中心選手だからと言って、対戦成績で圧倒的に分が悪いピッチャーの先発試合にまでわざわざスタメンで出すことはないし、外された当人もそれをネガティブにとらえることなく、「打率が下がらずに済んだ」と割りきればいいだけのこと。

現役時代の僕がそうであったように、「ほぼ全試合に出場しての打率2割7分も、休みながら出た100試合の3割も、価値は同じ」と思いなおすことができれば、スタメンを外れた〝休養日〟にも、また違った価値を見出せるようになるのである。

☆

ちなみに、ボビーの実践した「スタメンを固定しない」戦略は、長丁場のペナントレースを戦うなかでは往々にして起こりえる、レギュラークラスの〝故障離脱〟といった深刻な危機を事前に回避するという側面においても、実に有効な手段だと言っていい。

選手それぞれのもてる能力を引きだしながらも、一方では最悪の事態を見越して、しっかり「替えが利く」状態をも作りあげる――。一見、ドライとも思えるそうした危機意識の高さこそが〝ボビー・マジック〟を下支えした強みのひとつでもあったというわけだ。

いずれにしても、打順に頻繁に手を入れるということは、その勝敗の全責任を監督が負うという〝宣言〟にも等しいリスキーな行為。

裏をかえせば、そうした明快な意思表示があったがゆえに、僕らは監督であるボビーに全幅の信頼を置き、「歩」を「と」にするかのような、かつてない結果を残すことができたと言っても過言ではないのだ。

6回裏

「送りバント」や「ジグザグ打線」は有効か？

「バント不要論」には前提条件が必要

読者のみなさんなら、僕が「セオリー」そのものに懐疑的なことはすでにご存じだと思うが、この章では前章の内容をふまえて、攻撃時におけるいくつかの「セオリー」について書いてみたい。

まずは、巷で言われるところの〝2番最強説〟などとも密接に関係してくる、「送りバント」の是非について。

たとえば、一般的には「送りバントで得点圏」が「セオリー」とされる1点ビハインドで迎える9回裏ノーアウト1塁の場面。ここで、確実にランナーを進めてまず同点を狙う「送りバント」を選ぶか、一気にチャンスを広げる「強攻策」を選ぶかは、観ている側のみなさんにとっても、大いに意見のわかれるシチュエーションではないだろうか。

むろん、ここ数年で日本でも広く知られるようになった『セイバーメトリクス』（※89）などでは、アウトカウントをひとつ献上してしまうバントは、結果的に「勝つ確率を下げる」ものとされているし、2番に

※89　米国の野球ライター、ビル・ジェームズ氏によって70年代から提唱されは

強打者を置く〝2番最強説〟が、新たな「セオリー」ともなっているMLBでは、バントにこだわらない戦術がすでに主流。

近所の書店に行けば、そのものズバリな『9回無死1塁でバントはするな』（※90）なんて本まで出ているのだから、従来式の「ノーアウト1塁からの送りバント」には〝時代遅れ〟の感も否めない。

だが、いくらセイバーメトリクスのような統計指標が、客観的なデータを使って「バント不要」を証明しているとは言っても、そこで示されている数字はあくまで、トータルで見た場合の確率論。

僕自身の〝体感値〟をもとにするなら、イレギュラーなケースが往々にして起こりうる実戦においては、バントが「勝つ確率を上げる場合もなくはない」くらいが妥当な落としどころだとも思うのだ。

なにしろ、次に控えているのが、角中（※91）のようなアベレージヒッターか、打率2割そこそこの〝並〟のバッターかによっても、結果は大きく変わってくるし、相手ピッチャーとの対戦成績いかんによっては長距離砲にだってバントをさせたほうがいい場面もおそらくある。

じめた統計指標。日本でも出塁率と長打率を単純合算した打者評価の指標『OPS』や、1イニングあたりに許した出塁数を示す投手の指標『WHIP』などが比較的よく知られる。これらの数値を駆使して球団改革に成功したオークランド・アスレチックスのビリー・ビーンGM（現・上級副社長）の奮闘を描いたベストセラー『マネー・ボール』によって、世界的にも広く浸透することに。

※90 11年に祥伝社新書より刊行された気鋭の統計学者・鳥越規央氏の著書。日本におけるセイバーメトリクス研究の第一人者でもある氏が、統計学的な観点から「セオリー」に斬りこんだ一冊。

※91 角中勝也。日本航空第二高から四国ＩＬ・高知を経て、06年の大・社ドラ

仮に「右打ちに徹して、最低でも進塁打」が、監督の思い描く最良の選択だったとしても、あきらかにダブルプレーの多いバッターには、より確実性を高めるためにも、最初からバント。ヘタに「打て」の指示を出して引っかけさせるよりは格段にマシ——という、冷静なジャッジが必要な状況も、場合によってはあるのである。

ともあれ、僕自身も「なにがなんでもバント」などという、思考停止とも思える安易な選択には反対の立場。前章でも紹介した05年のマリーンズのように、スターティングオーダーに名前を連ねる9人が9人とも3割を超える出塁率、打率にして2割7分5厘あたりをキープできているなら、そのときは否応なく「バントは不要」と言うだろう。

しかし、実際の試合は「いる」、「いらない」の二者択一では到底語ることのできない駆け引きの連続。刻一刻と変わる戦局に応じて、ヒットエンドランやセーフティバントといった多彩な攻撃を仕掛けるためには、なによりもまず、相手に対して「バントはしてこない」、「バントしかしない」と思わせないことが肝心なのだ。

フト7巡目でマリーンズに入団。16年シーズンには、自身2度目の首位打者に加え、最多安打のタイトルも獲得。名実ともにリーグ屈指の〝安打製造機〟へと成長した。

「ジグザグ」は自軍の弱点をさらすだけ？

他方、「打順」に関して言うなら、しばしば聞かれる「左対左＝ピッチャー有利」という「セオリー」を念頭に置いた〝ジグザグ打線〟（※92）なるものも、監督の傾向が顕著に出る戦術のひとつ。

もちろんそこには、相手ベンチが継投策を講じやすい、左、左とつづくような〝替えどころ〟をなくして試合をより優位に進めたい、という指揮官なりの思惑があるはずだし、その時点でベストな打線を組んだ結果がたまたまジグザグだった、という可能性もあるだろう。

だが、果たしてそれが〝打線のつながり〟という意味において、どれほどの効果があるかと言えば、「ほとんどない」というのが正直な感想。

キャッチャーとして実際にリードをする側だった僕自身の経験から言っても、ジグザグの打線にことさら「やりづらさ」を感じるような場面は現役時代を通じて一度もなかったと言っていい。

そもそも、ジグザグ打線の根拠ともなっている「左対左＝ピッチャー

※92 打者を左右交互に並べる打順の組み方。山本浩二監督自らが「ジグザグ」を公言していた第3回WBC（13年）のような、データの少ない相手との対戦がつづく短期決戦では戦略的にも「有効」とする声もある。なお、当時の日本代表チームは、実戦においても基本的には「ジグザグ」を採用。最終戦となった3月17日のプエルトリコ戦でも、井端弘和、内川聖一と右がつづいた2番・3番を除き、左右交互のオーダーだった。

有利」の「セオリー」にしたって、左右別の打率、被打率は人によって千差万別。一流のプレイヤーが集まるプロの世界には、ベイスターズの筒香（※93）のような、左ピッチャーをまったく苦にしないタイプの左バッターもいれば、成瀬のように、右バッターのほうが「リードをしやすい」タイプの左ピッチャーもいるのが実情でもあるわけだ。

だとすれば、左ピッチャーの先発・中継ぎを警戒するあまりに、かたくなにジグザグにこだわるのは、「ウチの左バッターは、左ピッチャーが苦手です」とわざわざ弱点をさらけだしているも同じこと。引いては「左バッターに弱い」という致命的な欠点を克服させてやれないコーチ陣の力不足を公言するに等しい行為でもあると思うのだ。

☆

ちなみに、くだんの成瀬が左ピッチャーでありながら、「右バッターのほうがリードしやすい」のは、彼の決め球のひとつであるチェンジア

※93　筒香嘉智。横浜高から09年のドラフト1位でベイスターズに入団。プロ5年目の14年以降、打撃が開眼し、16年シーズンには自身初となる本塁打・打点のタイトル2冠にも輝いた。もともとスイッチヒッターだったこともあってか、対左をほとんど苦にせず、16年も打率3割5厘と高いアベレージを残している。

ップが、右バッターに対してのほうがより有効に使えるから。

実際問題、08年の北京五輪で対戦したカナダ代表（※94）などは、スターティングオーダーに8人もの左バッターを並べるという、一見すればこちらが有利とも思える布陣ではあったものの、リードをする僕からすれば、「おいおい、マジか」と言いたくなる状況でもあったのだ。

結果的には7回を無失点で切りぬけ、1対0で辛くも逃げきったものの、使える手だてが、インコースを意識させながらのストレートとスライダーの出し入れのみだったのだから、綱渡りもいいところ。

相手チームのオーダーが計算づくだったのかどうかは、いまとなっては確かめようもないが、この一戦だけをとっても、「左対左＝ピッチャー有利」の「セオリー」は、人それぞれ。場合によっては〝弱点〟にもなりえるものであることは、おわかりいただけるに違いない。

なお、そんな成瀬と同様、対左バッターのほうが「有利」という右ピッチャーも当然いて、ツーシームをはじめとした変化球が左バッターにこそ有効な薮田さん（※96）などは、その代表格。

※94 キューバ、韓国に敗れて2勝2敗となった8月18日の第5戦で対戦。5回表に飛びだした稲葉篤紀（現・日本代表打撃コーチ）のソロアーチによる虎の子の1点を、成瀬善久→藤川球児→上原浩治の完封リレーで守りきった。ちなみに、当時のカナダ代表には、かつて乱闘騒ぎで名を馳せた元ファイターズのロブ・デューシーも打撃コーチとして帯同していた。

※95 薮田安彦氏。バレンタイ

終盤の勝負どころで、左の代打が出てきたときなどは、かえって「シメシメ」と思うこともしばしばだったのだから、「セオリー」とは、まさしくケースバイケースの不確かな代物だと言えるだろう。

助っ人の活躍と「セオリー」にも相関はない

ところで、みなさんは「16年シーズンにもっとも活躍した外国人野手は誰か」と聞かれたら、どの選手の名前を思い浮かべるだろうか。

マリーンズファンならもちろん、デスパイネ（※96）が真っ先に挙がるだろうし、同じパ・リーグではホームラン王を獲得したファイターズのレアード（※97）や、100打点越えのライオンズ・メヒア（※98）も捨てがたい。セ・リーグに目を向ければ、リーグ制覇に貢献したカープのエルドレッド（※99）や、ベイスターズのロペス（※100）あたりも間違いなく〝優良助っ人〟と言える存在だ。

では、ひいき目なしに見ても「活躍した」と言っていい彼らの左右別の打率は、果たしてどうだったのか――。ちなみに彼らは、期せずして

ン監督の就任と同時に中継ぎへと転向し、チームが日本一となった05年には勝利の方程式〝ＹＦＫ〟の一角を担うセットアッパーとして活躍。メジャー挑戦を経て古巣へと復帰した10年以降も、3年連続して50試合登板をマークするなど鉄腕ぶりを見せつけた。07年に最優秀中継ぎのタイトルを獲得。13年の引退後は、野球解説者として活動する。

※96 アルフレド・デスパイネ。〝世界最強〟とも称されるキューバ代表チームでも長く主砲を務める〝キューバの至宝〟。日本球界3年目の16年は、打率2割8分、24本塁打、92打点で自己最高の成績でシーズンを終えた。17年シーズンよりホークスの一員としてプレーする。

※97 ブランドン・レアード。15年の来日以降、2年連

全員が右バッター。左・右の「セオリー」にのっとるとすれば、必然的に対左打率のほうがよくて当然とも思えるが……。

デスパイネ	対右　２割７分６厘	／対左　２割９分３厘
レアード	対右　２割５分５厘	／対左　２割８分７厘
メヒア	対右　２割６分	／対左　２割１分７厘
エルドレッド	対右　２割７分４厘	／対左　３割２分５厘
ロペス	対右　２割９分	／対左　２割１分９厘

右に列挙した16年の成績からもわかるように、「セオリー」どおりの実力を発揮できていたのはデスパイネ、レアード、エルドレッドの３人だけ。メヒア、ロペスにいたっては、数字のうえでも「極端に左ピッチャーが苦手」であることを露呈してしまっているような状態だ。

となれば、「左対左＝ピッチャー有利」とは対極をなす、「左対右＝バッター有利」も、これまたその信憑性は怪しいもの。

続で30本塁打、90打点以上をクリアするスラッガー。16年は主に6番に座り、39本すべてを下位打線で打つという史上初の快挙で本塁打王のタイトルも獲得した。好物の寿司を握るパフォーマンスもファンにはおなじみ。

※98 エルネスト・メヒア。来日初年度の14年に、シーズン途中での加入ながら本塁打王を獲得。16年9月6日には、シーズン中という異例のタイミングで総額15億円＋出来高の3年契約を新たに結んだことでも話題に。

※99 ブラッド・エルドレッド。来日3年目の14年に本塁打王を獲得。その後の2年は故障もあって規定打席には未到達ながら、持ちまえの勝負強さで、チーム25年ぶりのリーグ制覇にも大きく貢献してみせた。16年オフに新たに

左投手を苦手としていたメヒアが、今後どんな対策を講じてくるかにも注目だ。

いくら監督自身が「右の助っ人が活躍すれば、自慢のジグザグ打線は完成だ！」などと意気込んでみたところで、その助っ人たちにも必ず得手・不得手がある以上、ジグザグによる〝打線の妙〟などはやはり、あるようでない〝机上の空論〟でしかないのである。

ちなみに、直近5年ほどをさかのぼっても、複数年にわたって結果を残した助っ人は、どういうわけか、ほぼ全員が右バッター。タイトルホルダーにかぎってみれば、08年にバファローズで打点王を獲ったローズ（※101）以降、ひとりも現れていないのが実情でもある。

力勝負が信条のMLBから来た外国人にとっては、相手の弱点をとことん攻める日本のプロ野球への〝順応〟は、ただでさえ難しい作業。日本に来てからアウトコースの出し入れに苦しむバッターが多いからなのか、はたまた、もともと左が不得意だったからこそ3Aどまりなのかは定かではないが、「より失敗の少ない助っ人を連れてくるなら右バッター」というのが、日本のプロ野球における新たな「セオリー」になりつつあることは、どうやら間違いなさそうだ。

2年契約を締結。仮に契約満了となれば、かのジム・ライトルを超える在籍最長の〝優良助っ人〟になる見込み。

※100 ホセ・ロペス。ジャイアンツでの2シーズンを経て、14年オフにベイスターズへ移籍。16年には自己最高の34本塁打、95打点をマークし、守備でも自身2度目のゴールデングラブ賞を受賞するなど、攻守にわたって存在感を発揮。チームを初のCSへと導いた。

※101 タフィ・ローズ。96年の来日以降、バファローズ、ジャイアンツで13年にわたって活躍した。通算本塁打464本は外国人選手では史上唯一の400本越えで、歴代13位。15年には、47歳にしてBC・富山のコーチ兼任選手として現役復帰したことでも話題となった。

7回表　野球ほど「無駄」の多いスポーツはない

練習量で「熱心さ」をはかる悪しき風潮

日本のプロ野球には、とにかく長い時間練習をする選手のことを「あいつは熱心なやつだ」と褒めたたえる風潮がある。

むろん、1年を通してコンスタントに「結果」を残そうと思えば、それなりの練習量をこなす必要は当然あるし、そうした日々の鍛錬をおろそかにしていて生き残れるほど、プロの世界は甘くもない。

だが、いくら練習に時間を割いたところで、そこに「内容」がともなわなければ、肝心の力は身につかない。僕自身のこれまでの経験から言っても、いたずらに長いだけの非効率的な練習は、かえって本人の気力・体力を削ぎおとす「害悪」ですらあると思うのだ。

旧態依然の価値観がいまだ幅を利かせる球界には、選手に対して「昨日は何時まで練習したんだ?」、「バットは何回振った?」、「ブルペンでは何球投げた?」、「何キロ走った?」などと聞く、感覚の〝古い〟コーチもままいるが、それらを「熱心さ」の判断材料にするなら、まず問うべきは「目的意識」。「重点をどこに置いた、どんな練習に取り組んでいるのか」でなくてはならないはず。

これを読んでいるみなさんだって、ただ要領が悪いだけの同僚が「いつも遅くまで残業している」という理由で、「熱心だ」と評価をされたら、文句のひとつも言いたくなることだろう。

そもそも、プロ野球のチームは、選手一人ひとりが球団と交わした契約のなかでプレーをする「個人事業主」の集合体。怪我をしたら、その時点で〝商売あがったり〟である以上、右も左もまだわからない新人や若手を除いた大多数の選手に関しては、どんな練習をどの程度するのかも含めて、個々の裁量に委ねるべきだと、僕は思う。

自分が納得できたのなら、早くあがる日があってもいいし、疲れているときは休めばいい。コンディションが悪いときに無理をして、身体におかしなクセをつけてしまうぐらいなら、「今日は練習をしません」と言いきることも、プロとして不可欠な「自己管理」だというわけだ。

全体練習を優先する春季キャンプの「弊害」

そういった意味でも、この場を借りてぜひとも「改善」を提唱したいのが、全員がほぼ横並びでスタートする春季キャンプのあり方だ。

なにしろ、以前と比べてセ・パ両リーグとも開幕時期が大幅に前倒しとなっている現在（※102）では、ほとんどのチームが2月の後半からオープン戦をスタートさせ、開幕に向けた「実戦モード」へ移行する。

そうなれば、選手たちがそれぞれの課題に腰をすえて取り組める本来的な意味での「キャンプ期間」は、僕がプロ入りした当時からしても、まるごと1クール分は短く、実質わずか3週間。課題の多い若手選手の多くはただでさえタイトなスケジュールのなかで、以前と同じかそれ以上の練習量を要求されているのが、実情なのだ。

にもかかわらず、個人練習に時間を割いていいのは、昔と同様、チームで決められたその日の全体メニューが終わってから。

野手で言うなら、全員でアップ、キャッチボールをして、投内連携を

※102　著者のルーキーイヤーでもあった99年シーズンの開幕はセ・リーグが4月2日、パ・リーグが同3日。3月25日にセ・パ同時に開幕した16年シーズンと比較しても、約1週間の開きがある（17年についてはWBC開催のため、3月31日）。なお、現在の主だったコーチ陣が現役だった80年代から90年代前半にかけては、4月の2週目に開幕というケースが一般的だった。

して、シートノックをして、昼食後にバッティングをして、さらに「特守」、「特打」をして、トレーニングまでやって……という一連の流れをこなし終わって、初めて自分の〝自由時間〟がもてるのだ。

だいたい、シートノックや投内連携をはじめとしたキャンプの全体練習というのは、個人がそれまでやってきたことの確認作業――いわゆる〝合わせ〟の意味あいが強いもの。選手それぞれの能力向上は、各自がどれだけ個人練習に時間を割けるかにかかっていると言っていい。

だとすれば、もっとも注意を払うべきは、午後以降の〝自由時間〟にいかに余力を残させるかの、その一点。トータルの練習時間が、僕らが新人だった頃よりあきらかに減っているいまだからこそ、無駄な時間は極力なくして、効率化、スマート化を図る必要があると思うのだ。

全体練習が終わってから1時間も2時間も「特守」をすることが最初からわかっている選手に、午前中からあえてシートノックを受けさせる必然性はほとんどないし、効率面を考えるなら、そこで空いた時間を打撃まわりに振りかえたほうが断然いい。逆に「特打」が予定されているなら、午後に割りあてられたバッティングの時間に、守備に特化した練習をさせたほうが、よっぽど本人のためにもなるのである。

「それぐらいで音をあげるようではプロ失格」

そう思われる方はいるだろう。

だが、いくらプロ野球選手と言えども、朝イチからひたすら根をつめて練習をしていれば、心身ともに疲弊はするし、集中力も低下する。

選手の能力向上をうながす〝鍵〟が、全体メニュー消化後の〝自由時間〟にある以上、そこに余力を残せない現状のやり方は、僕に言わせれば「非効率」以外のなにものでもないというわけだ。

☆

ちなみに、開幕直前の時期になると、各チームの指揮官たちは「今年のキャンプは、練習量ではウチが日本一じゃないか」といったたぐいのコメントをこぞって出して、キャンプの成果に胸を張る。

だが、引退して以降、解説者のひとりとして、沖縄・宮崎のキャンプ地をひと通りまわるようになった僕の実感からすれば、そこで行われている練習メニューは、はっきり言って「どこも一緒」。

やり方や段取りに多少の違いはあっても、実際のところは、各チームがほとんど同じメニューを日々こなしているのが現実だ。

むろん、練習内容に違いがないとなれば、物理的な戦力でまさる選手層の厚いチームほど有利になるのは、ある種の必然。どんなに「日本一」の練習量をこなしていようと、よそのチームもそれと同等の練習をしているのだから、その〝差〟は縮まりようがないのである。

たとえば、早朝8時スタートを採用するチームと、通常どおりの10時スタートのチームでは、同じメニューをこなすだけでも、その後の〝自由時間〟には1日2時間もの〝差〟ができる。

1日が24時間しかないという大前提は、どのチームにも「平等」である以上、もともと戦力にハンデのあるチームほど、キャンプの段階から効率性の追求、創意工夫はするべきだと思うのだ。

「3ヵ所同時スタート」のスマート練習

では、僕の現役時代はどうだったかと言えば——。

この本でも再三、名前を出してきたボビー・バレンタインなどは、それこそ〝合理化〟の権化。彼が監督だった当時のマリーンズキャンプはいま振りかえっても、かなり効率的だったと言っていい。

なにしろ、普通は1ヵ所に集まってする投内連携などの全体練習も、ボビーの時代は、メイングラウンド、サブグラウンド、室内練習場の3ヵ所を使って、同時に「よーい、ドン」ではじまるのが、当たりまえ。

従来であれば、自分の順番がまわってくるまでは、ただそこで見ているしかなかった僕らの〝待ち〟の時間を大幅に減らし、なおかつキャンプ全体を通しての〝時短〟をも実現させる——という一石二鳥な抜本的な改革を、いともたやすくやってのけていたのである。

もちろん、各ポジション2人ずつでほとんど休むヒマもなかったシートノックは相当にキツかったし、一方のバッティング練習などでは、日によって室内練習場で打つだけで終わってしまう選手が出てしまう、といったデメリットもあるにはあった。

だが、全体練習が早く終われば、気力・体力はまだ十分に残っているから、それだけ自分の〝自由時間〟にもフルパワーを費やせる。

現役時代の僕が、いわゆる〝打てるキャッチャー〟でいられた背景には、こうした効率的な時間の使い方をチームとしてやってくれたおかげで、バッティングをはじめとした個人の課題に余力をもって取り組めたという環境的な要因も大きく関係しているのである。

☆

「長く練習をすることが、イコール、いい練習とはかぎらない」

いまの僕がそう力説するのは、ボビーの時代に自分自身が培ってきた経験という〝裏打ち〟があるからこそ。

実際、当時も評論家の方々からは「ロッテは練習量が足りない。終わ

7回表
野球ほど「無駄」の多いスポーツはない

無駄を排除し、いかに効率的な練習を行えるか。選手を育てる側に必要な視点だ。

るのが早すぎる」といった指摘があったが、効率化が図られたぶん、1人あたりの練習量はむしろ増えたというのが、率直な感想。

個人練習を終えて宿舎に帰るのが日没後……なんてことも、僕自身ですらザラにあったのだから、「全体メニューの短さ＝悪」かのような認識は大きな間違いだと言ってもいいだろう。

ただ漫然と、〝質〟より〝量〟をこなすことが推奨されてしまっている現在の風潮は、怪我や故障のリスクを増大させることはあっても、決して球界全体の底あげにはつながらない。

「俺たちは昔からこれでやってきた」

旧来のやり方に慣れたコーチたちは、おそらくそう言うはずだ。

だが、とかく「無駄」が多いのが、野球というスポーツの本質。

本当にチームのためを思うのなら、そうした「無駄」をひとつでもなくすために、新たな試みを率先して取りいれ、フレキシブルにメニューを組みかえる労力をもいとなわない姿勢をみせることこそが、選手を育てる側がまず果たすべき役割ではないだろうか。

7回裏

もし里崎が「球団フロント」になったなら

「自己正当化」コメントにおぼえる違和感

「この戦力で、Aクラス入りはよくやったほうだ」

フロントや監督をはじめとしたチームの首脳陣が、順位の決まったシーズン終盤の段階でする、こうしたコメントが僕は嫌いだ。

もちろん、資金面や育成面での各チームの充実度には、スタートの時点で開きはあるし、15年シーズンのバファローズ（※103）のように補強した選手の低迷や怪我人の続出といった、フタを開けてみないとわからないイレギュラーな事態に見舞われることもあるだろう。

だが、たとえそれらが客観的にも「よくやった」と称えられる結果だったとしても、それを口にしていいのは、ファンや解説者といった〝外野〟だけ。チームとしての目標があくまで「優勝」にある以上、それを可能にするだけの戦力を整えるのが仕事でもある彼らは、「この戦力で」などと自らを正当化するような発言をすべきでないと思うのだ。

開幕前から「現時点では他チームよりチーム力は劣るから、3年かけ

※103 首位ホークスとゲーム差なしの2位で14年シーズンを終えたバファローズは、そのオフに「総額30億円」とも言われた大補強を敢行。元ライオンズの中島裕之（当時・アスレチックス3A）に、ファイターズからFAの小谷野栄一。ベイスターズを退団したばかりのトニ・ブランコ、カープの主戦投手だったブライアン・バリントンらを次々に獲得し、一躍、優勝候補の筆頭へと躍りでた。だが、シーズンも序盤の5月末までに前記の4人に加えて、

て優勝を狙いに行く」などと公言していたのであれば、まだわかる。

しかし、フロント・首脳陣の面々もそういった場面ではたいてい「盤石の補強ができた」、「今年こそ優勝を」、「チームは完璧に仕上がった」といった威勢のいいコメントを並べるもの。「結果」が見えた途端にその同じ口から、冒頭のようなセリフが聞こえてくれば、ファンなら誰しも、「だったら、なんでもっと補強しなかったのか」、「勝てるチーム作りができたと言っていなかったか」と思うはずだし、当の首脳陣が最初から「行けていいとこAクラス。優勝なんて無理」といった姿勢でいたなら、「そもそもなぜ引き受けたのか」という話にもなるだろう。

その昔には、「もっと強いチームでやりたかった」（※104）という発言で物議を醸した監督も実際にいたが、監督とは本来、「どんな戦力でも俺の頭脳と戦略を駆使すれば、優勝できる」と思う人こそがやるべき仕事。裏をかえせば、それぐらいの覚悟と責任感をもって指揮を執れる人でなければ、安易に引きうけてはいけない仕事でもあるわけだ。

では、もし僕がフロントだったら、どんなチームを作るのか――。

平野恵一、平野佳寿、佐藤達也、エステバン・ヘルマンといった投打の主力が相次いで離脱。6月2日にはチームを率いる森脇浩司監督の〝休養〟も発表され、最終的には、借金19の5位と〝大惨敗〟を喫することとなった。

※104 97年から2シーズンだけマリーンズを率いた近藤昭仁監督が、翌年の辞任会見の席上で発した怨み節。自身の責任を転嫁するかのようなその発言は、かの〝18連敗〟の直後とあって、大いにファンの不評を買うこととなった。ちなみに、同年のマリーンズは、順位こそ2

実際問題、現状の僕自身にはそうした〝欲〟はあまりないが、引退して以降、ファンの方々からよくいただく「コーチはやらないのか」、「監督になってほしい」といった声に応えるという意味でも、ここからは、僕の考える「理想のチーム」について、少し書いてみたい。

「責任の所在」を明確にするのが大前提

僕がフロントとなってチームづくりをするなら、まず大前提として、責任の所在が曖昧な言い訳ばかりの組織には、絶対にしない。

そもそも、個々のスタッフの立ち位置を明確にしたうえで、それぞれの仕事については各部署のトップが責任を負う——というのが、本来あるべき組織の姿のはずだし、求められる「結果」が出せなかったときには、その都度、きちんと責任をとるのがトップの務め。

いわゆる〝引責辞任〟とはいかないまでも、〝推定〟の金額を必ず報道される選手たちと同様、年俸の増減幅を毎年オープンにするといった「目に見える」ケジメのつけかたはあってもいいと、僕は思う。

年連続の最下位ながら、チーム打率でリーグトップ、防御率でも同2位と健闘。「総得点が総失点を上まわったにもかかわらず最下位」という異例の事態は、近藤監督自身が率いた94年シーズンのベイスターズに続く、2度目の珍事でもあった。

なにしろ、プロスポーツの世界における「責任をとる」とは、クビになるか減俸かの二者択一。成績の低迷を理由に、選手たちの契約更改が〝厳冬〟になることはあるのに、続投の決まった監督やコーチが、なんのおとがめもなく〝現状維持〟では、モノの道理が通らない。

もし仮にチーム防御率が悪化したのに、コーチ陣は留任——ということになるなら、「投手陣が不甲斐なかったのはピッチングコーチの責任なので、コーチの年俸もこれだけ下げます。でも、来季はこれこれ、こういうビジョンをもって取り組みます」ぐらいのことを具体的に公表してしまったほうが、ファンの方々もよほど納得しやすいし、逆に担当する部門の成績が上がったのなら、当然アップもあっていい。

もっとも、たとえコーチと言えども、1年でクビなんてこともザラにあるのが、プロの世界。コーチのなかには「ただでさえそんなにもらってないのに、下げられたら困る」という方もいるだろう。

だが、一部の例外をのぞいて、そのほとんどが毎年の更新を必要とする単年契約であるのは、選手もコーチも同じこと。

実際には、チームの成績とは無関係に長期にわたってポストにとどまりつづける球団OBや、監督の肝いりで招聘された〝お友達〟といった〝ワケあり〟なコーチも少なくない以上、とるべき責任を「なぁなぁ」で済ませて、コトをうやむやにさせないだけの一貫性をもった組織づくりこそが、なににも増して肝要だと思うのだ。

1軍コーチの「人事権」は監督に一任

ともあれ、誤解のないように言っておくが、僕自身はさきにもふれた〝お友達〟のコーチを否定する気はまったくない。

覚悟をもって監督を引きうけるからには、まわりに気心の知れたスタッフが多いに越したことはないだろうし、なにもないところから新たに関係性を築くのは、誰であっても骨は折れる。

意思伝達のスピード感、チームとしての一体感を最優先に考えるとすれば、むしろ全員が〝お友達〟であったほうがいいほどだ。

そこで僕からひとつ提案したいのが、名づけて「1軍限定GM制」。

要は、監督として招聘した人物には権限と同時に予算も与えて、1軍の指揮権、人事権すべてを委任してしまおう、というアイデアだ。

つまり、必要なコーチの数が10人で、人件費の上限が2億円だとするなら、それをどう配分するかも含めて、監督が自由に決めていいということ。監督自身が1億をとって、残りの1億を10人で均等に割ってもいいし、どうしても欲しい人材には、ドンと大きく5000万。融通の利く、ほかの〝お友達〟にはそのぶん泣いてもらって、800万……といった極端な配分にしてもいっこうに構わない。

しかも、コーチ全員が、監督自らが交渉して連れてきたメンツということになれば、その時点で「責任の所在」はすでに明確。もし「結果」が出なかったときには、政治の世界の〝内閣総辞職〟よろしく、監督と一緒にコーチ全員に辞めてもらう、というわけだ。

もちろん、頭数がそろわない場合には、予算総額から不足する人数分をカットするなどして、球団が人員を補填する。

そこに対する不平不満は「いっさい受けつけない」といった取りきめ

に最初からしておけば、監督自身ももてる人脈を総動員して、ベストな布陣を敷いてくれるに違いない。

1軍・2軍の「配置転換」に効果はない

一方、長期的なビジョンが必要なドラフト戦略や、2軍での選手育成はあくまで球団主導でやるべきだ。来年にはいなくなるかもしれない1軍の監督に、5年後、10年後のチームの未来は託せない。

そもそも、同じチーム内にあっても、明確に目的の違う2軍と1軍とは置くべき人材からして適性、職責の異なる別組織。

肩書きは同じ「コーチ」でも、そこで必要とされるスキルはまったく違う以上、現状のような「1軍のコーチのほうが格上で、年俸も高い」なんてことも、本来はあってはいけないはずなのだ。

1軍のコーチにもっとも重要な資質が、個々の選手のコンディションを見極めて、その都度、適切なアドバイスができる「観察眼」であるとすれば、2軍のコーチはとにもかくにも「指導力」。右も左もわからないような若い選手を、長いスパンのもとで辛抱強く育てあげるスキルはむしろ、一朝一夕には身につかない〝特殊技能〟だと言っていい。

成績の低迷しているチームでは、1・2軍のコーチをそっくり入れかえるといった「配置転換」がよく起こるが、僕に言わせれば、あれなどはまさに「2軍より1軍が上」という意識の表れ。

効果があるとは到底思えないそんなつけ焼き刃の〝テコ入れ〟で、1軍の勝敗とはもともと無関係な2軍の育成プランまでブチ壊すぐらいなら、たとえシーズン中であっても、その時点で1軍のコーチをクビにして、新しいコーチを連れてくればいいだけのことなのだ。

職責の違う1軍と2軍のコーチを同列に考えて、安易に入れかえを図るというのは、たとえて言うなら、中高一貫の学校で、昨日まで中1を教えていた教師に「明日からキミは高3の受験生を担当してくれ。教科は同じだから、できるだろ」と、いきなり命じるようなもの。

当事者である教師と生徒を、2軍のコーチと若手選手に置きかえてみれば、両者の関係性がその時点で良好であればあるほど、起きる混乱、困惑も大きいことは、みなさんにも容易に想像がつくだろう。

☆

さきに挙げた「1軍限定GM制」を導入する1軍では、全権を託した監督のもとで「勝利」という至上命令だけを純粋に追求する実戦部隊を作ってもらい、一方の2軍には、いま以上に長期的なビジョンをもった球団主導の育成システムを作りあげる――。

これが僕、里崎の考える「理想のチーム」の青写真の一端だ。

もっと言えば、一般に門戸を開いて人材を広く募集する「公募制」を首脳陣・チームスタッフにまで適用するのもひとつのアイデアだし、若くして現役を退いたOBの〝受け皿〟ともなっている打撃投手やスコアラーといった役職に、現在もある「コーチ補佐」の肩書きを積極的に兼務させて、コーチ育成を見すえた体制にするのもいい。

球団職員として残った若いOBたちが、チームに帯同しない遠征期間中を、残留組の指導や手伝い、資格や専門的な知識の勉強にあてたり、ベンチに入らない試合中などに、データ集めや資料整理をこなして、それぞれがスコアラーのような役割を担えるようになれば、より高度なスキルをもった〝生えぬき〟のコーチも自ずと育つ。

そうした効率的かつ戦略的な組織づくりが、チームの強化、引いては球界全体の底あげにもつながってくると思うのだ。

8回表

「ポストシーズン」、「交流戦」は必要か？

「不要論」も根強いCS制度の是非

秋になると毎年のように浮上してくる話題のひとつに「CS（クライマックスシリーズ／※105）は必要か」という議論がある。

16年シーズンは、日本シリーズに進出したのがセ・パ両リーグともに優勝チームだったからよかったものの、ここでもし下位チームの勝ちあがりを許すようなことにでもなれば、紛糾は必至。ことに、25年ぶりの優勝を独走で決めたカープのファンなどは「せっかく優勝したのに」と行き場のないやるせなさを抱えることになっていたに違いない。

たしかに、不要派の多くが指摘する「日本一を決める戦いに2位、3位が出場するのはおかしい」といった意見は至極もっともだし、プレーする選手やファンからしても、「リーグ優勝＝日本シリーズ進出」のほうが圧倒的にわかりやすい。いわゆる〝下剋上〟そのものがなくなれば、当該チームのファン同士にいらぬ禍根を残す心配もないだろう。

だが、そうしたデメリット、制度的な矛盾点を差し引いても、「CS

※105 消化試合の削減を目的に04年からパ・リーグで導入されたプレーオフ制度を発展させ、07年からセ・パ両リーグでスタートしたポストシーズンゲーム。全試合を上位チームの本拠地球場で開催するステップラダー方式（2ステージ勝ちぬき制）が採用され、2位、3位が対戦する「ファーストステージ」は3試合制、その勝ちあがりチームと1位チームが対戦する「ファイナルステージ」は、6試合制でそれぞれ実施されている。なお、レギュラーシーズンの優勝チームに1勝のアドバンテージが付与されるようになったのは、08年シーズンから。

は必要」というのが僕のスタンス。

とりわけ、「消化試合」の減少がもたらす経済効果の大きさは、プロ野球が、ファンやメディア、スポンサーからお金を払ってもらってナンボの〝興行〟であるという側面から考えても、もはや無視できないレベルにまでなっていると思うのだ。

なにしろ、CS争いが白熱すれば、ファンはシーズンの最終盤まで真剣勝負の醍醐味を味わえるし、それを報じるメディア側の関心も持続する。経費だけがかさんでいた「消化試合ありき」の頃とは違って、仮にBクラスであっても観客動員にある程度の見通しが立つのだから、各球団にとってもまさに願ったり叶ったりな状況がそこにはある。

16年のセ・リーグを例に挙げれば、もしCSがなかった場合は、カープが26試合を残してマジックナンバー「20」を点灯させた8月24日以降は、ほぼ全試合が「消化試合」になる可能性が高かった。

最後まで見どころの多かったベイスターズ、タイガース、スワローズによる熾烈な3位争い、そこから抜けでたベイスターズとジャイアンツの2位争いが、あれほどの盛りあがりをみせたという事実だけをとっても、CSの存在意義は計り知れないものがあると思うのだ。

☆

ちなみに、「消化試合」がもたらした弊害という部分で言えば、オリオンズ時代の88年にあった対ブレーブスのダブルヘッダーなどでは、大先輩の高沢さんと首位打者争いを繰りひろげていた松永さんが11打席連続四球の不本意な記録（※106）を作ることになっているし、僕が入団する直前の98年にあったライオンズとマリーンズの一戦では、松井さんと小坂さんの盗塁王争いをめぐって、故意に悪送球やボークを犯すといった真剣勝負とはほど遠い〝事件〟（※107）も起きている。

自身の活躍がもろに年俸へと反映される以上、「優勝の可能性がないなら、個人の成績を優先したい」というのが選手の本音。チームプレーの精神、ファンの気持ちを軽視したこうした〝泥仕合〟をなくすという

※106　88年10月23日に西宮球場で行われたブレーブス対オリオンズのダブルヘッダーでは、打率トップの高沢秀昭を擁するオリオンズが、高沢をスタメンから外したうえで同2位のブレーブス・松永浩美を全打席で敬遠。松永自身は、最終打席でバットを投げて当てにいくなど抗議の意志を示すも、結局、1厘差でタイトルを

意味でも、「消化試合」は極力少ないほうがいいはずだ。

CSは優勝チームが絶対的に有利な制度

もっとも、ことCS（あるいは、その前身のプレーオフ）に関しては、僕自身が制度の恩恵に授かってきた側の人間。当然、「負けるほうの気持ちなんてわからないだろ」とおっしゃる方もいるだろう。

だが、そもそもCSは、全試合でホーム開催ができるうえに、1勝のアドバンテージまである優勝チームに圧倒的に有利な制度だ。

セ・パ両リーグで実施されるようになった07年以降の10年間を見渡しても、「優勝をしたのに日本シリーズ進出を逃した」のは、07年および14年のジャイアンツと、10年のホークスのわずか3例だけ（※108）と、3位から勝ちあがった僕らのようなケースのほうが、むしろレア。

2、3位で逆転が起こることはしばしばあっても、最終的には8割以上の確率で「優勝チームが勝ちぬけできる」ようにできている、ほとんど欠点の見当たらないシステムでもあるわけだ。

逃すこととなった。ちなみに、11打席連続四球、10打席連続敬遠、1試合4敬遠はいずれもNPB記録。翌年の〝身売り〟が決まっていたブレーブスにとっては、この試合が「阪急」として迎える本拠地最終戦でもあった。

※107 98年10月12日に西武ドームで行われたシーズン最終戦。当時、熾烈な盗塁王争いを演じていた松井稼頭央と小坂誠を擁するライオンズ対マリーンズの一戦で起きた〝事件〟。単打で出塁の小坂を1塁ランナーに置いた7回表にライオンズはまず、2番手・芝崎和広が牽制悪送球。これに小坂が反応しないと見るや、今度は芝崎が故意のボークを犯して〝二盗〟を阻止。さらにショートの松井が2塁に張りつく極端な〝小坂シフト〟をとって〝三盗〟をも阻止し、場内を騒然と

16年シーズンのカレンダーで振りかえってみても、ファーストステージとファイナルステージの間隔は、最大でも「中2日」。仮に両チームの投手陣の登板間隔が「中4日」だとすれば、勝ちあがったチームがふたたびエースを投入するためには、最短でも第3戦まで待たなければならなかったのだから、どちらが有利かは明白だ。

大事な初戦、すべてが決まる第6戦の勝負どころで投入される優勝チームのエースに対して、勝ちあがりのチームは自ずとローテーションの3番手、4番手で挑まなければならないことも考慮すれば、「1勝」にはそれ以上の「アドバンテージ」があるとも言えるだろう。

直近でも、ペナントレースを制した15年のホークスとスワローズ、16年のファイターズとカープは、それぞれ「順当」とも言える危なげない戦いぶりでCSを突破し、日本シリーズへとコマを進めている。

10年の節目を経たトータルの「結果」が、優勝チームの揺るがぬ有利さを証明している以上、ペナントレースはリーグ優勝と個人タイトルを賭けた戦い。CSは日本一への挑戦権を賭けた戦い——と、最初からま

させた。なお、最終的には1個差でリードしていた小坂に、その裏の攻撃で盗塁を成功させた松井が追いつき、ともに43盗塁。タイトルは両者でわけあう格好となっている。

※108　07年は2位のドラゴンズが、タイガースと対戦した第1ステージ(当時)から破竹の5連勝。14年は1勝1分でカープに競り勝った2位のタイガースが4連勝で勝ちぬけ、日本シリーズ進出を決めた。10年は2位のライオンズに2連勝した3位のマリーンズが、王手をかけられた状態から3連勝で形勢を逆転。〝史上最大の下剋上〟を実現した。

ったく別個のベクトルで考えればいいと、僕は思う。

プレーオフ時代の05年を含めて、僕らマリーンズは2度にわたってポストシーズンを制しているが、それとて短期決戦特有の〝勢い〟に、チームがたまたま「乗れた」だけ。俗に言う〝下剋上のロッテ〟も、過去6回のうち4回はきっちり敗退しているのが実情（※109）でもある。

ごく稀にしか起こせない、ある種の〝奇跡〟だからこそ〝下剋上〟には価値がある。そんな奇跡を起こすチームが何年かに一度出現するというのもCSという制度のもつ醍醐味であり、プロ野球の新たな〝付加価値〟ではないだろうか。

パ・リーグが「交流戦」に強い理由

一方、いわゆる〝パ高セ低〟がつづく現状に、CSと同様「不要論」が飛び交う交流戦についても、少しふれておきたい。

結論から言えば、僕自身は「賛成派」。通常のリーグ戦ではほとんど機会のないDHを解除したファイターズ・大谷の、真の〝二刀流〟が、

※109 マリーンズは、プレーオフ時代の05年を含めると07年、10年、13年、15年、16年と計6回、ポストシーズンに進出。16年以外の計5回はファイナル（旧・第2ステージ）にまでコマを進めているが、日本シリーズへの出場を果たしたのは05年、10年の2回のみ。それ以外は、いずれもシーズン1位のチームに敗れている。

実際に観られるだけでも、やる価値はあるとさえ思っている。

もちろん、制度がスタートした05年以降、リーグ全体として勝ち越したのが09年だけ、というセ・リーグからすれば、おもしろくないのは当然だ。当初は全36試合だった日程が、いまでは18試合と半減していることからしても、「やりたくない」というのが本音だろう。

なにしろ、もともと〝DH要員〟のいないセ・リーグでは、代打の1番手や、もっとも守備に難のある野手を〝急造〟のDHにせざるを得ないし、パ・リーグ球団への遠征は、北海道から福岡、福岡から仙台といった長距離移動もザラにあるから、体力的にも消耗する。

そうなれば、移動距離がふだんより短くて済むうえに、かねて打線重視のチーム編成をしているパ・リーグのほうにアドバンテージができるのはむしろ、必然。現役時代の僕自身がそうであったように、1年おきにホームとビジターを入れかえる方式に変わった15年までは、パ・リーグの選手の大多数が、長距離移動による負担の少ない交流戦を「めちゃくちゃ楽」と感じていたに違いない。

☆

こんなことを書いてしまうと、セ・リーグ球団のファンの方々なら、なおさら「交流戦などいらない」と思われるかもしれない。

ふだんは打席に入らないだけで、パ・リーグにもバッティングの好きなピッチャーは大勢いることをふまえれば、セ・パの〝対抗戦〟としての交流戦はこれからも〝パ高セ低〟のつづく可能性は高いだろう。

だが、僕からすれば、交流戦の本当の醍醐味は、そこではない。

場合によっては、自分たちのチームだけが勝ち、同一リーグの5球団がすべて負ける——という〝ひとり勝ち〟がありえること。言いかえれば、通常のリーグ戦では1ヵ月近くかかる大幅な順位変動が、ほんのわずかな期間で起こりえることこそが、交流戦最大のメリットであり、ペナントレースを戦ううえでの重要なポイントでもあると思うのだ。

実際、セ・リーグで唯一、勝ち越しを決めて上位6球団に食いこんだ16年のカープ（全体3位）は、5月終了時点で「2・5」だった2位と

神宮球場で2年連続の満塁弾を放つなど、交流戦での著者の活躍はいまも語り草。

のゲーム差を、たった1ヵ月で「9」にまで広げて首位を快走したし、15年にあった〝セ・リーグ全球団貯金ゼロ〟（※110）などという事態も交流戦という〝マジック〟があったからこそ起こりえたこと。

交流戦をトランプゲームの『大富豪』で言うところの〝革命〟のような一発逆転、巻きかえしを可能にする唯一無二の機会ととらえれば、単なるリーグ対抗戦にも、また違った楽しみ方ができてくる。

※110 セ・リーグが交流戦で大きく負け越したことで生じた珍現象。60試合以上を消化して全チームが勝率5割以下となったのは、史上初の出来事でもあった。唯一勝ち越していたジャイアンツが敗れた15年6月23日の時点で、リーグ全体の「貯金」はゼロ。最下位だったカープまでのゲーム差はわずか2・5に縮まった。

8回裏

日本の野球が「世界」と戦うために

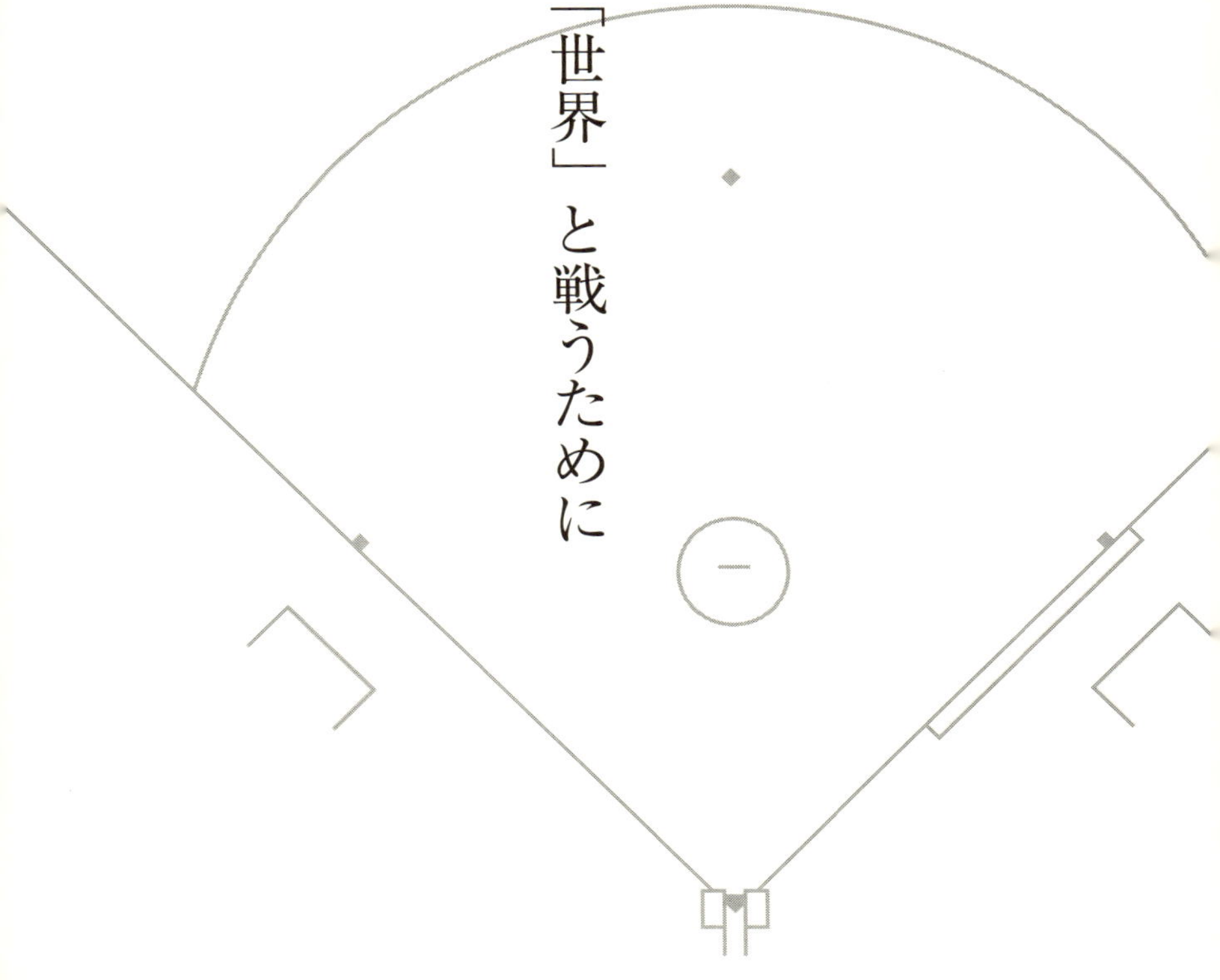

〝侍ジャパン〟に対する称賛への違和感

アメリカに敗れて準決勝敗退という結果に終わった、17年3月の第4回WBCをみなさんはどうご覧になっただろうか。

メディアの論調や、世のなかの反応を見渡すかぎりでは「よくがんばった」という声が圧倒的だったし、これを読んでいる読者のなかにも「あれだけ楽しませてもらえれば満足だ」という方は多いだろう。

だが、今回の〝侍ジャパン〟は、「世界最強の〝奪還〟」を至上命令に掲げて常設化（※111）までしたチーム。言ってしまえば、決勝ラウンドへの進出は、ノルマとして最低限。優勝＝世界一を100点満点とするなら、せいぜい50点の「結果」でしかなかったと言ってもいい。

にもかかわらず、そんな〝50点〟に、日本じゅうがどこか満足しきってしまっていたのは、いったいなぜか――。あれだけ叩かれた前回（※112）とまったく同じ結果で、こうまで温度差が出てしまっていることが、率直に言って、僕にはどうにも不思議でならないのだ。

※111 13年5月に、プロ野球を統括する日本野球機構（NPB）と、アマチュアの代表組織全日本野球協会（BFJ）が、共同で「野球日本代表マーケティング委員会（JMBC）」を設立。これによって、プロ主導のトップチームの常設化と、各世代代表の呼称およびユニフォームの統一などが正式に決定。プロアマの連携をいっそう

そもそも、「日本の野球は世界でもトップレベルだ」とかねて公言してきた僕からすれば、勝てた試合に敗れたという事実は「もったいない」と思いこそすれ、合格点では決してない。それを「がんばった」のひと言で肯定してしまっては、その時点で「日本人はアメリカ人に劣っているから、負けてもともと」と認めているのと同じことだと思うのだ。

たしかに、大会直前の段階でさえ、小久保裕紀監督（※113）の采配ぶりを不安視する声は噴出していたし、下馬評も総じて低かった。全勝での予選ラウンド突破は、世間の期待を大きく超える、それこそ「よくがんばった」と言いたくなるような健闘ぶりではあっただろう。

しかし、決勝ラウンドにまで進出したアメリカ、プエルトリコ、オランダの3チームと〝侍ジャパン〟にそこまで露骨な戦力差があったかと言えば、まったくそんなことはなかったはず。今回の戦力であっても、勝機は十分にあった以上、そこでの厳然たる敗北に「がんばったから、OK」と満足してしまうようではダメなのだ。

リオデジャネイロ五輪の陸上男子400メートルリレーで銀メダルを

強化した新生「侍ジャパン」体制が発足した。

※112 13年に開催された第3回大会では、同年3月17日に行われた準決勝、プエルトリコ戦に1対3で敗れて、終戦。8回裏、1死1・2塁のチャンスで強行された不可解なダブルスチール（結果は失敗）が、大きく勝敗をわけることとなった。試合後、山本浩二監督は「ダブルスチールをしてもいいというサインだった」と弁明。選手に判断を丸投げするかのような曖昧さには疑問の声が噴出した。

※113 「侍ジャパン」の常設化を受けて、13年10月9日に代表監督に就任。初采配となった同年11月に台湾で開催されたチャイニーズ・タイペイ戦を3連勝で飾り、第4回WBCに向けて本格的に始動した。なお、小久保氏自身に

獲得した日本チームは、失礼ながら、誰もメダルを獲れるとは思っていなかったからこそ、「よくがんばった」と称賛されたのであって、仮に〝大本命〟のジャマイカが銀で終わったときには、おそらく「がんばった」などとは言われない。〝女王〟としてメダルを確実視されていたスキージャンプ女子の高梨沙羅選手がソチ五輪で4位に終わったときにも、「よくがんばった」と言う人はいなかったはずである。

だとすれば、アメリカに比肩するポテンシャルをすでにもつ〝侍ジャパン〟にかける言葉は、やはり違うものであってほしい。

そこまでの評価をされていなかった人やチームが、期待以上の「結果」を出した場合にのみ使われる「よくがんばった」で、敗北の悔しさが薄まってしまうまえに、僕らはもっとその味を噛みしめ、球界全体の気運を「よし、次こそは！」と高めていく必要があるのである。

どこか論点がズレていた「敗因」の検証

一方、大会直後に評論家の方々がメディアで盛んに指摘していたアメ

は過去に監督・コーチを務めた経験はなく、未経験者の抜擢を疑問視する声は当初からあった。

リカ戦の「敗因」についても「なんで？」と思ったことがある。

彼らの多くは、アメリカの投手陣が多投していた、いわゆる〝動くボール〟（※114）を〝犯人〟に仕立てあげて、「打線が対応しきれなかったことがいちばんの要因」、「あそこまでのツーシームを投げられるピッチャーが日本にもいれば攻略できた」などと、好き勝手に言っていたが、僕からしてみれば、それらはすべて的はずれ。

変化の大きいツーシームの使い手が日本にいないのは、単にボールが日本のそれとはまったくの別物（※115）だからだし、日本のバッターがツーシームに不慣れだったのと同じように、アメリカもまた菅野（※116）や千賀（※117）のフォーシームやフォークには苦戦した。

アメリカの選手たちが「フォーシームなんて簡単に打てる。だから俺たちはツーシームを使うんだ」と言っていたならともかく、相手の4番を務めた主砲アレナド（※118）などは、6回までに3三振と、先発の菅野にまったく対応できていなかったのだから、それが勝敗をわけたポイントだとするには、いささか無理があるだろう。

※114　カットボールや、ツーシーム、ハードシンカーといった打者の手元で微妙に変化するスピードの速い変化球の総称。

※115　MLBの試合球は縫い目が高くもともと変化がかかりやすい。NPBの試合球で同じだけの変化をかけようとすると、その反動で球速は落ちる。ツーシームをはじめとした〝動くボール〟は、MLBの使用球でこそ活きるボールだと言える。

※116　菅野智之。12年のドラフト1位でジャイアンツに入団。13勝をマークするなど1年目から活躍。自

準決勝ともなれば、相手もエース級を出してくるし、そのエースに本来のピッチングをされれば、そう易々と打ち崩せないのは当たりまえ。あの試合にかぎれば、打ち勝ってきた予選ラウンドの〝残像〟が、観ている側に「打てる」という、あらぬ幻想（＝期待）を抱かせたという側面はあっても、「敗因」そのものは、いたって単純。僕に言わせればここぞの場面でミスが出たから負けたのだ。

もちろん、もし仮に「〝動くボール〟がネックだ」とベンチが認識していたなら、打球の勢いを殺せる天然芝と、日本と比べてもはるかに土が固くてスピードが落ちにくい向こうの球場の特性を活かしてセーフティバントを試みるといった対策を講じるべきだったのは確かだろう。

実際、僕らが戦った第1回WBCでは、イチローさんやムネ（※119）といった俊足のバッターが、それらの足技をほぼ毎試合試みていたし、決勝のキューバ戦では、ツヨシ（※120）が貴重な追加点につながるプッシュバントを決めて、優勝に大きな役割を果たしてもいる。

僕自身が、日本の大きな武器である〝スモール・ベースボール〟を経

身2度目の最優秀防御率に輝いた16年には、最多奪三振も獲得した。コンスタントに150キロを超えてくる球威あるストレート（フォーシーム）が最大の武器。原辰徳前監督の甥としても有名。

※117 千賀滉大。蒲郡高から10年の育成ドラフト4位でホークスに入団。13年にセットアッパーとしてブレイクした。先発に転向した16年には12勝、防御率2・61の好成績をマーク。WBCでは〝侍ジャパン〟として唯一、ベストナインにも選ばれた。

※118 ノーラン・アレナド。コロラド・ロッキーズ所属の内野手。15年、16年シーズンには2年連続でナ・リーグの本塁打王、打点王にも輝くなど、メジャー屈指の若きスラッガーとして知られる。

※119 川崎宗則。99年のドラフ

験してきたひとりでもあるだけに、今回のような「打てない」状況を打開する方法は、工夫次第でいくらでもあったと思うのだ。

☆

ちなみに、とかく派手に打ちまくっていた印象の強い今回の〝侍ジャパン〟も、こと実戦のなかでやっていたことは、僕らが出場した11年前と変わらない〝スモール・ベースボール〟そのものだ。

そもそも、〝スモール〟が意味するところは、ＭＬＢで活躍する選手が主体のアメリカや中南米、オランダといった諸外国が信条とする〝ビッグ・ベースボール〟の「対極」というだけのこと。頭につく語感のせいで、どうしてもネガティブなイメージをもたれがちだが、それを「ビッグ＞スモール」の図式で見るのは大きな誤りだと言っていい。

ノーアウトからランナーが出れば、送りバントで着実に塁を進め、塁上ではどの国の選手よりも大きなリードで、相手の隙をうかがう――。

ト4位でホークス入団。03年以降、主力として活躍した。12年に敬愛するイチローを追って渡米。持ちまえの明るさを武器に米球界でも一躍人気選手として活躍した。17年に古巣ホークスへ電撃復帰。6年ぶりに日本でプレーすることに。

※120 西岡剛。02年のドラフト1位でマリーンズ入団。いわゆる〝ボビー・チルドレン〟として頭角を現したスイッチヒッター。10年には206安打を放ち、首位打者、最多安打のタイトルも獲得した。2年間の米球界挑戦を経て、13年にタイガースで復帰も、近年は長引く故障もあって低迷中。くだんのキューバ戦では、1点リードの9回表、川崎のバント失敗直後というタイミングで果敢にバントを試み、追加点の足がかりをつくった。

個々の選手が幼い頃から一貫して身体に染みこませてきた、そうした走塁技術や意識の高さ、機動力を活かしたスタイルこそが、力勝負の諸外国にも引けをとらない〝スモール・ベースボール〟の真髄。〝世界一〟を目指す日本が突きつめるべき唯一の道でもあるわけだ。

最後まで見えなかった「小久保カラー」

ところで、15年秋に開催されたプレミア12（※121）で、韓国との準決勝に敗れて以降、〝侍ジャパン〟を率いた小久保さんへの風当たりは、その采配や選考基準にいたるまで、ひときわ強くなったように思う。

たしかに、物議を醸した韓国戦での継投（※122）が「正しかったかどうか」には議論の余地はあるだろうし、負けたことに対する不平不満のはけ口として、監督を〝戦犯〟にしたい気持ちもよくわかる。

だが、実際の試合における采配や代表メンバーの選抜は、大きな責任と引きかえに与えられた監督の専権事項。

かつての星野仙一さんや山本浩二さん（※123）がまさしくそうであっ

※121 国際野球連盟（ＩＢＡＦ）と、国際ソフトボール連盟（ＩＳＦ）を統合して新たに発足した「世界野球ソフトボール連盟（ＷＢＳＣ）」が主催する国際大会。ＩＢＡＦ主催のワールドカップやインターコンチネンタルカップに代わる大会との位置づけで、各世代代表の国際大会における成績をランキング化した「世界野球ランキング」の上位12チームが招待され、15年の第1回以降、4年に一度の開催を予定する。

たように、「結果」を出さなければ、どのみちボロクソに言われるのが監督の〝宿命〟でもある以上、メディアやファンにどれだけ叩かれようが、誰を選んでどう戦うかは、小久保さんの「好み」でいいのだ。

とはいえ、チームを本当に〝強化〟しようと思うのであれば、ただ試合数をこなすだけでなく、監督の考え、〝侍ジャパン〟のシステムを選手たちにきっちり浸透させるプロセスはやはり不可欠。サッカー日本代表が歴代の監督たちが打ちだす〝色〟によって、大きく戦術を変えてきたように、監督である小久保さん自身が「俺の考える野球はこういうものだ」という〝色〟をもっと内外に発信すべきではあったろう。

言ってみれば、4年間もの長きにわたって指揮を執ったにもかかわらず、最後の最後まで「小久保野球とはなんぞや」という問いに対する、明確な答えが見えてこなかったことこそが、必要以上に周囲の「不安」を増幅させる要因ともなってきたと思うのだ。

監督のビジョン、目指す野球が、期待して観ているファンの側にも具体的に提示されてさえいれば、たとえ代表メンバーが、賛否両論の起こ

※122 15年11月19日の準決勝・韓国戦。先発の大谷翔平が7回を1安打無失点、11奪三振というほぼ完璧な投球をみせるも、9回表に、前の回から〝回またぎ〟で続投した則本昂大がつかまり、計4失点。3点リードからの逆転負けを喫することに。

※123 星野氏は08年の北京五輪で、山本氏は12年の第3回WBCでそれぞれ代表チームを指揮。とくに星野氏は、辛くも予選は突破したものの、準決勝、3位決定戦ともに敗れてメダル獲得はならず。激しい非難にさらされた。

りそうな面々となっても、「こういう理由で選んだんだな」と、暗に伝わり、100%ではないにしても納得はできる。

裏をかえせば、肝心かなめの〝選考基準〟の部分が不明瞭なまま〝豪華さ〟だけが先に立ってしまう状況があったからこそ、「秋山を選んで、角中を選ばないのはなぜだ」、「二遊間のスタメンは山田と坂本だとしたら、菊池はどうするのか。そのうえ中島まで呼んだら、いったいどこで使うんだ」といった、いらぬ論議を呼んだのである。

どんなに「結果がすべて」とは言っても、そこはファンあってのプロ野球。それが国の威信を懸けて戦う国際大会となればならおさら、「どう好きにやるか」の意思表示はやっておいても損はない。

現状では感じにくい〝常設化〟のメリット

それと、もうひとつ。今回のWBCまでに何度か招集された〝侍ジャパン〟が、その都度メンバーがコロコロと変わる〝その場かぎり〟のものであったことも、大いに改善すべき問題だ。

もちろん、選手を送りだす球団側にもそれぞれの事情はあるし、どんなにそれが代表チームの編成に不可欠な選手であっても、本人から〝辞退〟の申し出があれば、その意思を尊重するより仕方ない。なかには、「レギュラーシーズンのほうが大事」という選手だっているだろう。

だが、代表チームの継続的な強化という〝常設化〟がもたらす最大のメリットを考えれば、頻繁に陣容が変わるようでは効果も半減。まして、16年秋に行われた強化試合のような〝プレＷＢＣ〟とも言うべき試合でさえ、本大会とメンバーが大きく異なるとなれば、観ている側のモチベーションにも、かなりの影響をおよぼすことになるはずだ。

では、そうした事態を回避するためにすべきことはなにか――。

これはあくまで僕が考えたアイデアに過ぎないが、たとえば12球団の全選手に「意思表示カード」の提出を義務づける方法もひとつの手。「各種大会の代表メンバーに選ばれた場合には、出場する意志はありますか?」といった設問に「イエス」か「ノー」の二択で回答させて、代表メンバーは原則として「イエス」と答えた選手のなかから選抜する。

そのうえで、「イエス」と答えた場合には、医師による診断書がなければ拒否できない。理由なき辞退には、オールスターのファン投票と同等のペナルティ（※124）を科すといった取りきめにすれば〝辞退者の続出〟といった不測の事態もあらかじめ防止できるに違いない。

いずれにしても、〝侍ジャパン〟を、サッカー日本代表のような国を挙げての一大ムーブメントとして成熟させていくためには、メジャーリーグでプレーする日本人選手を含めたすべてのプロ野球選手が「是が非でも選ばれたい」と思えるような〝付加価値〟の創出は欠かせない。

野球・ソフトボールが正式種目として復活する20年の東京五輪（※125）を成功させるという意味においても、こうした変革には球界が一丸となって取り組んでいく必要があるだろう。

☆

もっとも、ＭＬＢの選手会が主導するＷＢＣと、『世界野球ソフトボ

※124 野球協約（第86条）には、「オールスター試合に選抜された選手が、オールスター試合出場を辞退したとき、その選手の出場選手登録は自動的に抹消され、所属球団のオールスター試合終了直後の年度連盟選手権試合が10試合を終了する翌日まで、再び出場選手登録を申請することはできない。オールスター試合前から出場登録を抹消されていた場合も同様の扱いとする」との規定がある。

※125 国際オリンピック委員会（IOC）は、16年8月3日に開かれた総会で、5競技18種目の追加を承認。これにより、空手、スポーツクライミング、サーフィン、スケートボードなどとともに、野球・

ール連盟（ＷＢＳＣ）』主催のプレミア12が、ともに「世界一を決める大会」として併存している現状からしても、野球の世界は〝一枚岩〟にはほど遠い。競技人口を増やし、よりグローバルなスポーツにしていくためにも、サッカーで言うところの『ＦＩＦＡ』のような組織を頂点とする新たなピラミッドを構築していくべきだと、僕は思う。

ＷＢＣを、サッカーワールドカップのようにこの先、50年、１００年とつづくような権威と伝統のある大会にしていこうと思えば、目先の収益や既得権益にとらわれてばかりではダメなのだ。

長期的なスパンで球界を発展させていくためには、互いの要求をぶつけあうだけでははじまらない。もっとも発言権が強い組織がＭＬＢの選手会であるなら、たとえ日本側にとっては不本意であっても、あえて一歩引くぐらいの姿勢をみせて新たな組織を立ちあげないことには、次のステップへはいっこうに進んでいかないと思うのだ。

もし仮に、各国の代表が理事を務める、そうした統一組織が立ちあがれば、ＷＢＣとプレミア12の統合も可能になるし、五輪で開催される野

ソフトボールが、北京五輪以来３大会ぶりに〝復活〟することが正式に決定した。なお、実施会場は横浜スタジアムをはじめとした関東近郊の既存施設が有力視。「復興」を掲げる福島県での開催も候補に挙がっている。

果たして小久保監督の目指す野球はチーム内に浸透していたのだろうか。

球種目を、サッカーのような〝U-23〟世代の頂点を決める大会として位置づけることもできるだろう。

そのうえで、日本の事務局が窓口となって、プロOBを後進国の指導者として派遣するといった新たな事業が展開できるようになれば、野球の裾野を広げながら、懸案事項ともなってきた選手のセカンドキャリアの選択肢としても、大いに活用できるに違いない。

9回表

行使しなかった僕が「FA制度」に思うこと

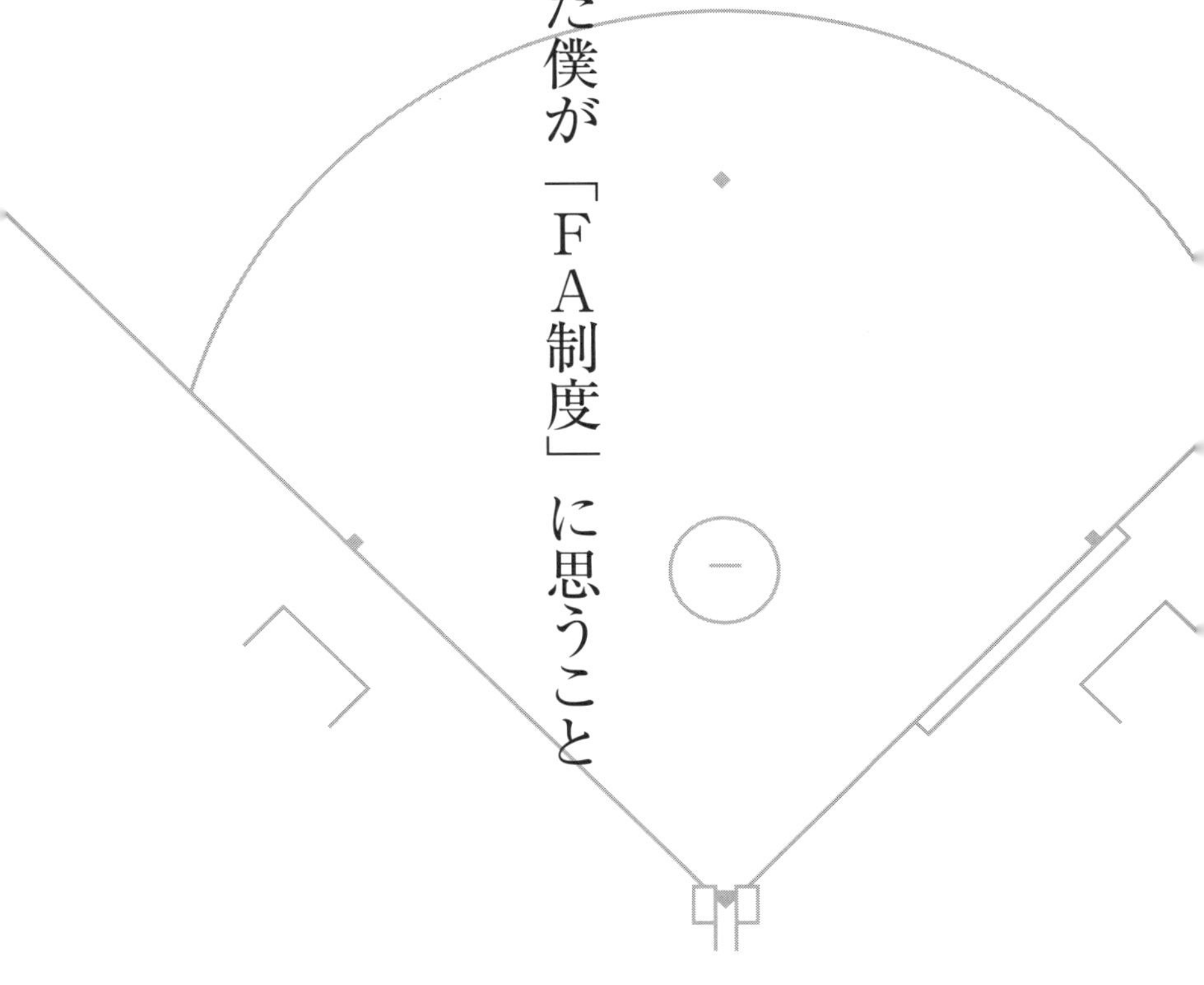

手にした権利をどう使うかは「選手の自由」

16年のシーズンオフ。日本のプロ野球では、バファローズからタイガースへと移った糸井をはじめ、5人の主力選手（※126）がFA（フリーエージェント）権を行使し、それぞれ新天地へと移籍した。

言うまでもなく、FA権そのものは、1軍で一定の活躍をしてきた選手だけに与えられる正当な権利だから、それを行使するかどうかは、選手の自由。〝外野〟の僕らがとやかく言うべきことではまったくない。

現役時代の金本さん（※127）のように、「優勝ができるチームに行きたい」と願うのも自由なら、ジャイアンツに移籍したかつての清原さん（※128）のように「子どもの頃からファンだったチームでプレーしたい」と望むのも自由。なかには、ライオンズに拾われる格好となった木村（※129）のように、若手の台頭で出場機会を大きく減らしたベテランがやむにやまれず行使をするといったケースだってあるだろう。

宣言をするに至った選手たちの思惑（※130）はそれぞれあるにせよ、

※126 パ・リーグでは、糸井嘉男（バファローズ→タイガース）、岸孝之（ライオンズ→イーグルス）、陽岱鋼（ファイターズ→ジャイアンツ）、森福允彦（ホークス→ジャイアンツ）の4人。セ・リーグからは、山口俊（ベイスターズ→ジャイアンツ）がそれぞれ権利を行使した。

※127 02年オフに、星野仙一監督（当時）からのラブコールに応えて、タイガース入り。カープでは叶わなかったリーグ優勝を移籍1年目にして実現した。04年には打点王。2度目のリーグ優勝を果たした05年には、シーズンMVPにも輝いている。

よりよい環境のもとで野球（＝仕事）をしたいと思うのは、プロとして当然だし、彼らがしばしば言う「他球団の評価も聞いてみたい」という気持ちは、僕にもわかる。「選手の評価＝年俸」であることを考えれば、たとえそれが高額の年俸を求めた結果だとしても、自身をより高く評価してくれるところへ移るというのは、選択肢としてはアリなのだ。

もっとも、もといたチームのファン感情からすれば、ＦＡ移籍は〝裏切り〟行為以外のなにものでもないかもしれない。

だが、移籍した先でもこれまでと同等の評価が得られる保証はどこにもないし、「宣言残留」（※131）を認めていない球団であれば、もしも獲得を名乗りでる球団がなければ、そのまま「任意引退」なんてことにもなりかねない。そこに行きつくまでの経緯次第では、場合によっては、引退後の〝再就職〟にまで深刻な影響を及ぼすこともあるはずだ。

彼らの権利の行使が、そうした〝諸刃の剣〟とも言えるさまざまなリスクを覚悟のうえでなされるものである以上、その選択については最大限に尊重されてしかるべきだと、僕は思う。

※128 清原和博氏。85年に起きた、いわゆる〝ＫＫドラフト事件〟を経て、96年オフに念願叶ってジャイアンツに移籍。松井秀喜（現・ヤンキースＧＭ特別アドバイザー）に、高橋由伸（現・ジャイアンツ監督）を加えた〝ＭＫＴ砲〟として人気を博した。

※129 木村昇吾。ＷＢＣ日本代表にも選出された田中広輔らの台頭により、出場機会を求めて15年オフに宣言をするも、獲得の意志を示した球団はゼロ。最終的には、ＦＡ宣言後にテスト生として他球団の春季キャンプに参加するという史上初のケースで、ライオンズに入団した。17年シーズンは、育成契約から再起を図る。

※130 ＦＡ権に対する価値観は十人十色だが、権利を行使する主な理由として、著者は次ページの３つの

選手会が求める「事前交渉」には反対

ただ、多くの野球ファンが「FA移籍＝年俸の大幅アップ」というイメージをもっているように、現行の制度そのものが、マネーゲームのできる球団に有利な不均衡なシステムであることも、疑いようのない事実。いたずらに年俸をつりあげて、〝適正価格〟以上の上乗せを得るための手段となっている現状には、大いに改善の余地はあるだろう。

16年4月に行われた選手会とNPBの折衝では、「選手が使いやすい制度にしたい」という選手会側から、現行の制度上では禁止されているFA宣言前の「事前交渉」、いわゆるタンパリング（※132）の解禁が要望として出されたが、もしこうした要望が通ってしまえば、それこそ年俸は〝青天井〟。球団ごとの〝格差〟はますます拡大してしまうに違いない。

もちろん、タンパリングが可能になれば、事前に他球団の評価を聞いてから判断できる選手は万々歳。宣言残留を認めていないカープを退団して、事実上の〝引退危機〟に直面した前出・木村のように、せっかく

類型を挙げている。①夢追い型（個人的な思い入れ、地元愛、チームとしての優勝可能性などを優先して移籍する）②追いだされ型（若手の台頭などによる出場機会の減少で、他球団への移籍に活路を求める）③年俸＆待遇優先型（自分をより高く評価してくれる球団に移籍する）

※131　個々のケースで若干の差異はあるものの、マリーンズやファイターズ、スワローズ、カープといった、従来から「マネーゲームには参加しない」方針の球団は、原則として、FA宣言後のチーム残留を認めていない。

※132　契約した球団以外と事前交渉を行うこと。現行の野球協約（第73条）は、各球団が名簿に記載した契約保留選手に対する他球

FAをしたのに条件が大幅に悪化するといった事態も避けられる。かかるリスクや不安がなくなれば、間違いなく「使いやすく」はなるはずだ。だが、他球団から正式な〝見積もり〟を取ったにもかかわらず、条件がよくなかったときだけ「残ります」では、話の筋が通らない。

案の定、NPB側の窓口となっているカープの鈴木本部長（※133）は「他球団の話を聞くためにするのがFA」と難色を示していたが、これを一般社会に置きかえたところで、結果は同じ。一度は「辞める」と口にしながら、「向こうの会社、実際聞いてみたらあんまり条件よくなかったんで、やっぱり辞めるのやめます」なんて言ってくる人のことを、「はい、そうですか」と受けいれてくれる会社はないのである。

さらなる好条件・好待遇を手にできる〝権利〟を、自分の意志で行使するからには、それ相応の対価を支払う〝責任〟もまた発生する。

選手会が出した先般の要望は、それを「嫌だ」と言っているに等しいもの。僕からすれば、ワガママにしか聞こえないそんな「甘え」がまかり通ってしまうほど、プロの世界も甘くはないのだ。

団からの接触・干渉を明確に禁止している。

※133 カープで常務取締役球団本部長の要職にある鈴木清明氏。16年に引退した黒田博樹氏、新井貴浩らの古巣復帰を実現させた張本人としても有名。

「球界再編」がふたたび起きるおそれも

さらにもうひとつ。もし仮にタンパリングが解禁されて、球団同士のマネーゲームがいまより激化するようなことになれば、ただでさえ歴然としている経済的な〝格差〟がますます拡大するのは確実だし、ともすれば04年の〝球界再編〟（※134）のようなことも起きかねない。

選手会が「改善案」として出した要望が、ひいては球界全体の雇用を大きく減らす＝選手の職場を奪う事態になる可能性だってあるわけだ。

経営状態の悪化した球団を、勢いのあるほかの企業が買収するといったことは、これまでもごく普通に行われてきたことだし、資本主義の原則にのっとるなら、そうした〝身売り〟こそが健全な姿ではあるだろう。

とはいえ、04年の騒動では、ブルーウェーブ&バファローズだけでなく、僕らのいたマリーンズとホークスにも合併の話（※135）は持ちあがったし、その後に行われたストライキでは、「野球（＝仕事）ができない」という前代未聞の出来事にも直面した。

※134 04年のシーズン中に持ちあがった、当時のブルーウェーブとバファローズの合併交渉に端を発した一大騒動。1リーグ制の実現を目論むオーナー側の動きに対し、選手会は、「反対」の署名活動や団体交渉で対抗。9月18日には、2日間にわたって、史上初となるストライキも決行された。

※135 7月7日のオーナー会議で、ライオンズの堤義明オーナー（当時）が、「西武、ロッテ、日本ハム、ダイエーの4球団で新たな合併を模索している」と

僕自身が、あの騒動の渦中にいた当事者のひとりだったからこそ、単なる選手の待遇改善というだけにはとどまらないリスクをはらむアイデアには、断固として、「ノー」を言いたいと思うのだ。

選手会が、本当に「選手の移籍をしやすくしたい」のであれば、メジャーリーグのように、権利を有するすべての選手が契約満了と同時に自動的にFAになるシステム（※136）にしていくべきだし、今回のようなタンパリング解禁の方向に舵をきるなら、いわゆる「贅沢税」（※137）を導入するといった格差を是正するなんらかの対策も必要だろう。

誰かがFA権を行使して他球団への移籍を実現すれば、新たな所属先では必ず誰かがポジションを奪われるわけだし、それが「人的補償」の必要なAランク、Bランクの選手であれば、当人の望まない移籍を強いられる選手も当然出てくる。高騰する補強費を捻出するために、例年より多くの選手に「戦力外通告」を出すといった球団もあるはずだ。

プロ野球とは、そもそもが、そうした〝不平等〟のうえに成りたっている弱肉強食の世界。チームによっても、経営基盤や運営方針には大き

発言するなど、「1リーグ構想」が表面化。推進派のなかでは、ドラゴンズにスワローズを、タイガースにはカープを吸収合併させる案も水面下で模索されていたという。

※136 MLBでは通常、権利の獲得までに6年の在籍期間を必要とするが、契約満了と同時にFAとなる条項を当初から盛りこんでいる場合や、原則3年で得られる年俸調停権をもつ選手に対して、期限までに球団が年俸を提示しなかった場合（ノーテンダー）なども、選手は自動的にFAとなる。

※137 MLBでは、年俸総額の上限を規定する「サラリーキャップ」の代替として、年俸総額が一定額を超えた球団に対して、課徴金（贅沢税）を課す制度

な隔たりがある以上、「宣言残留」の扱いも球団ごとに違っていい。

それよりも僕は、FA権の行使がたまたま意図しない結果を招いたからというだけの理由で、球界全体の利益には直接結びつかない方向性の議論がはじまってしまうことのほうが危惧すべき問題だと思うのだ。

選択肢にすらなかった「FA権の行使」

ここまでFA制度の是非について書いてきたが、ご存じのとおり、僕自身は権利の行使をしなかったし、しようと思ったことも正直ない。

僕が国内FA権を取得した10年10月と言えば、ちょうどチームが〝史上最大の下剋上〟をなし遂げて、2度目の日本一になった頃。客観的に考えても、あのときがまさに里崎智也の〝売りどき〟だったと思うし、実際に行使していれば、おそらく年俸は大幅にアップしたはず。移籍先によっては、メディアへの露出も大きく増えたことだろう。

だが、実際のところ、僕のなかにあった選択肢は「生涯マリーンズ」の一択のみ（※138）。そこに迷いはいっさいなかった。


が03年から導入されている。なお、94年にオーナー側から初めて「サラリーキャップ」の導入が提案された際は、選手会側が大反発。232日間にもおよぶストライキが決行され、ワールドシリーズも中止となった。

※138　著者の考える「選手がF

年俸などの待遇面でも十分な評価をしてもらっていたし、なによりマリーンズというチームに愛着もあった。当時の僕にとっては「出たい」と思うような理由がまったく見つからなかったというわけだ。

なにしろ、僕が入団したのは、いまだにシーズン最多連敗記録として残る、かの〝18連敗〟があった翌年。そんな〝どん底〟のチーム状態から、ファンのみなさんと一緒にチームを盛りあげ、力をつけていったことこそが、僕にとってのやりがいであり、楽しみでもあった。

高校時代は甲子園とは無縁の公立校。大学も当時は決して強豪校ではなかった帝京大学出身の僕である。〝常勝〟と呼ばれるような強いチームに行って何度も優勝を経験するより、山あり谷ありのチームで勝利を味わうほうがいい。〝下剋上〟が好きな、そんな自分の性分を考えても、マリーンズほど最適なチームはほかにはなかったのである。

FA移籍を経験した面々を見渡してみても、前出の金本さんや、ファイターズでキャリアを終えた稲葉さん（※139）、ホークスの内川らのように、移籍先の球団やファンからも〝生えぬき〟と同等の扱いをしても

A権を行使する理由」はすでに挙げたが、「しない理由」も、大きく3つ。分類すると左記になる。
①チーム愛型（所属チームが好き。評価・待遇以上に愛着がある。「ユニフォームを脱ぐ」＝引退）
②不満ない型（評価・年俸に納得している）
③行使不安型（行使したい気持ちはあるが、獲得に乗りだす球団があるかどうかを不安に思う）
この類型からすると「自分は①と②のハイブリッド型」と著者は言う。

※139 稲葉篤紀氏。スワローズで活躍後、04年オフにFA宣言。MLBへの移籍

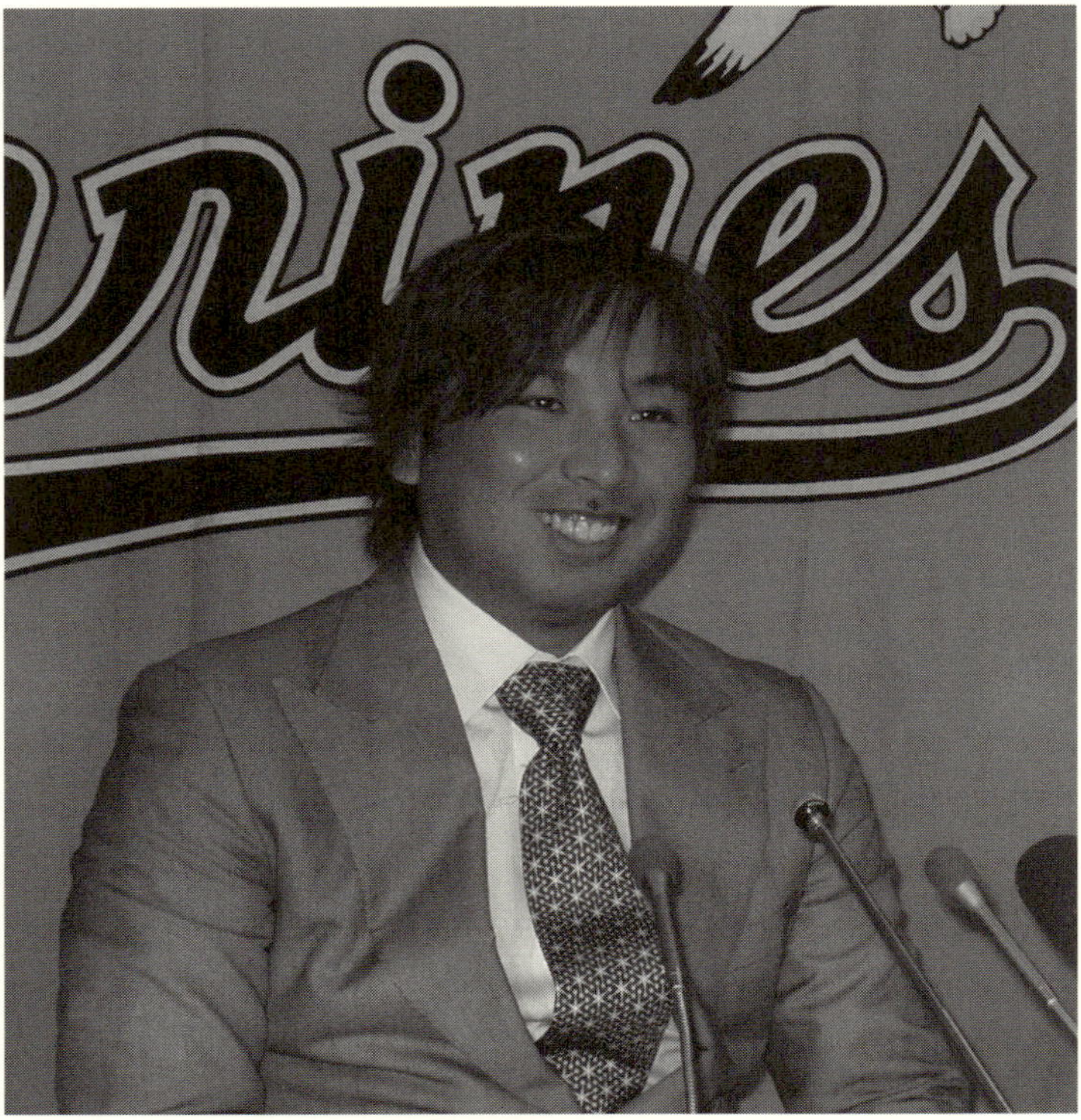

現役時代の著者には「FA移籍」という選択肢は最後までなかった。

らえる選手は数少ない。高い年俸をもらってそれ相応の「結果」が出せなければ、たちまち矢面に立たされ、批判の集中砲火を浴びることになるのは、ＦＡ選手の宿命でもあるだろう。

むろん、どういう選択をするかは人それぞれ。結果がともなわなかったからと言っても、それが「間違い」であるとは思わない。

だが、僕のいまがあるのは、「マリーンズの里崎」でありつづけたおかげ。そのことにだけは誇りこそあれ、微塵も後悔はないのである。

を希望するもオファーは届かず、高田繁ＧＭ（当時）の誘いを受けて、ファイターズへと入団した。07年に首位打者、最多安打のタイトルを獲得。引退後の現在も、ファイターズのＳＣＯ（スポーツ・コミュニティ・オフィサー）を務めている。なお、ファイターズがＦＡ選手の獲得に動いたのは、17年現在でも稲葉のみ。

9回裏 「キャラ」を演じてこそ本当のプロである

セルフプロデュースで「運」を引きよせる

自分で言うのもなんだが、いまこうして振りかえってみても、現役時代の僕はかなり〝型破り〟な選手だったと思う。

05年には球場前のステージで自ら率先して〝ライブ〟（※140）をやったし、08年のシーズンオフには、現役選手でありながら「プロ入り10周年記念」と銘打った〝ディナーショー〟も企画した。プロ野球の長い歴史のなかでも、自身の引退試合で〝卒業ライブ〟（※141）を開いた選手などは、あとにも先にも僕ぐらいのものだろう。

もちろん、そうした〝型破り〟な振るまいができたのは、マリーンズという球団のなかにそれが許される空気、環境があったおかげ。その端緒となった05年当時の監督が、もしもボビー・バレンタインでなかったら、「ステージで歌う」なんて発想は浮かぶことさえなかっただろう。

いわゆる〝18連敗〟を経験して、チームやファンが「マリーンズを変えたい」と思いはじめていたときに、偶然、僕が入団し、その僕がよう

※140 05年4月9日のファイターズ戦終了後に、著者の発案によって行われたパフォーマンスのこと。この試合で3安打2打点と活躍したヒーローの仕掛けた思わぬサプライズには、球場につめかけたファンも大喝采。その応援歌にも、「歌え！ 踊れ！ 打ちまくれ！」と唄われるほどの〝伝説〟に。

※141 14年9月28日のバファローズ戦で現役生活に別れを告げた著者は、引退セレモニー終了後の場外特設ステージで、満を持して〝卒業ライブ〟を敢行。5000人を超えるファンが、試合前に配布された顔写真入りのうちわを片手に見守るという、ア

やく自信をもてるようになったタイミングで、自主性をなにより重んじるボビーが偶然、監督としてやってきた。そんな類まれなる〝強運〟があったからこそ、「プロ野球選手・里崎智也」は、これほどまでに多くのみなさんから認知してもらえる存在になることができたのだ。

とはいえ、どんなに〝強運〟に恵まれていたとしても、そこに能動的なアクションがなければ、せっかくのチャンスは活かせない。仮に僕自身が〝運〟を引きよせることに無頓着なまま、ひたすら野球での「結果」だけを追い求めていたなら、「里崎智也」の名前がファン以外の〝世間〟にまで浸透することはおそらくなかったに違いない。

自分自身が置かれたポジションを客観的に分析し、「プロ野球選手・里崎智也」を自らの意志で〝演出〟する――。16年におよんだ現役生活のなかで、僕が〝運〟を味方につけて、つねに「なりたい自分」でいることができたのは、〝ライブ〟に象徴される〝野球＋α〟の活動を積極的に行うという、セルフプロデュースのたまものでもあったのだ。

そもそも、ジャイアンツやタイガースのような人気球団と、僕のいた

イドル顔負けの状況のなか、全3曲を熱唱した。

マリーンズとでは注目度、メディアの扱いからして差は歴然。いまでこそスポーツニュースで観られるのが「結果だけ」なんてことはほぼないが、マリーンズの選手が、純粋な野球の話題でスポーツ紙の一面を飾るようなことはそうそうないのが実情でもあるはずだ。

だとすれば、端から「ニーズがない」と見なされている僕らは、人気球団の選手とは違うアプローチを自ら講じて、〝世間〟を振り向かせるよりほかにない。ないニーズを作るための手段――。それが、僕にとっての〝ライブ〟や〝ディナーショー〟だったというわけだ。

「負けてもファンを魅了する」のがプロ

一方、僕の起こすこうしたアクションに対しては、「里崎がまたバカやってるよ」と、冷ややかな視線を送っていた人も少なからずいたはずだ。プロ野球選手にある種の〝美学〟を求める人たちからすれば、僕のような〝おちゃらけ〟は「もってのほか」でもあっただろう。

だが、プロとしてお金をもらっている以上は、「負けてもファンを魅了する」のが僕らの仕事。落合さん（※142）やイチローさんのように圧倒的な「結果」でそれができるレベルにないなら、グラウンドの外に出てでも、プレーとはまたべつの「魅力」を提示していくことも、プロ野球選手に求められる大事なスキルだと、僕は思う。

たとえ自分の思い描く〝理想像〟があったとしても、そこに固執しすぎて、すべてが中途半端になるぐらいなら、ファンのみなさんに笑ってもらって、「あいつは応援してやりたい」と思ってもらえたほうがずっといい。年俸に見あった「結果」を出すことは大前提としてあっても、〝その他大勢〟から脱して、ひとりでも多くのファンに「愛される努力」をすることもまた、プロには欠かせない資質だと思うのだ。

たしかに、人前で多くを語らず、淡々と「結果」を出しつづけるイチローさんの姿は、誰の目から見てもカッコいい。物心がついたときにはすでにイチローさんが大スターだった若い世代にとっては、彼のようなスタンスこそがおそらく〝理想像〟ではあるだろう。

しかし、可もなく不可もない打率2割5分程度の選手がレギュラーの

※142 落合博満氏。現役当時はオリオンズ時代のロッテで、史上唯一となる3度の三冠王に輝き、監督として率いたドラゴンズでも、04年からの8年間でBクラスを一度も経験することなく、4度のリーグ優勝を達成。「勝つことが最大のファンサービス」と公言してはばからなかったその姿勢は、〝オレ竜〟とも称された。

当落線上に何人もいるなら、より「かわいげ」のある選手のほうを応援したくなるのが人情というもの。さきの「ファンを魅了する」という観点からみても、実力もともなわないうちから〝見かけ〟だけは一人前な選手より、ちょっと鈍くさいぐらいの愛嬌ある選手のほうが、よっぽど「プロ」としての本分をまっとうしていると言えるのだ。

もちろん、「とにかくカッコよくありたい」、「そんなキャラじゃない」と、自分を貫くのも悪くはない。野球選手として「結果」だけでファンを満足させられるのならば、それに越したことはないだろう。

だが問題は、イチローさんのような〝超一流〟には、誰もが「望んでなれる」ものではないということ。ヘタなプライドにとらわれて〝頭でっかち〟になるあまりに、それが自身のまだ見ぬ伸びしろを縮める〝足かせ〟になってしまっては元も子もないということだ。

プロ野球が「注目されてナンボ」の人気商売である以上、自分自身にベストな「キャラクター」を見定め、時としてそれを〝演じる〟ことも必要なプロセス。そのうえで、目のまえにある環境をどのように活かせば、自身の付加価値が最大限に高まるか、というところにまで頭を働かせることが、本当の意味での〝プロフェッショナル〟だと思うのだ。

むろん、〝おちゃらけ〟を「恥ずかしい」と思う気持ちはわからなくはないし、僕がやってきたことを「マネをしろ」とも思わない。

しかし、僕にしてみれば、それこそ〝やるは一時の恥、やらぬは一生の恥〟。生涯成績だけをみれば、古田さんや谷繁さんには遠くおよばない僕に、いまもそれなりに〝ニーズ〟があるという事実だけをとっても、そこにトライする価値は十分にあると思うのだ。

☆

もっとも、「結果」も出さずに〝おちゃらけ〟ばかりをやるのは、ただのバカ。どんなに突拍子もないことをしてみせたところで、肝心のプレーでそれなりの活躍をしないことには、人の心もつかめない。

仮に僕自身がレギュラーにすらなっていないうちからステージで歌っ

たとしても、ファンは「?」となったはずだし、ファイターズ時代に札幌ドームを大いに沸かせた稀哲（※143）にしたって、それは同じ。

満足のいく「結果」を残せていなかったベイスターズやライオンズでも彼が以前と変わらず〝おちゃらけ〟をやりつづけていたら、かえってファンをシラケさせることにもなっていたに違いない。

野球選手らしからぬ〝おちゃらけ〟は、試合中にみせる真剣なプレーとのギャップがあって初めて意味をもつ、言わば高尚なテクニック。「いまがそのときかどうか」の〝TPO〟を見誤ればたちまち、ただの〝悪ふざけ〟へと成りさがる諸刃の剣だということも、当の選手本人たちはよくよく肝に銘じておいたほうがいいのである。

停滞を招く「特別だから」の常套句

ところで、さきにもふれたように、僕が〝型〟を破ることができたのは、偶然が偶然を呼ぶような〝強運〟があってのもの。

たとえ、僕と同じような〝型破り〟をしようにも、置かれているのが

※143　森本稀哲氏。帝京高から98年のドラフト4位でファイターズに入団。04年以降、図らずも同僚となったメジャー帰りの新庄剛志（当時の登録名は『SHINJO』）との〝師弟コンビ〟で人気を博した。新庄の引退後は、背番号「1」を継承するも、07年をピークに成績は下降。FA移籍したベイスターズ、ライオンズでは結果を残せず、15年かぎりで現役を引退。現在は実業家として活躍する。

それを許さない環境では、「そんなことをするぐらいならバットでも振ってろ」と言われるのがオチだろう。

そもそも、前例のないこと、自分たちの枠外のことには、とかく否定的なのが、球界の悪しき〝伝統〟。僕自身も、「あんなやり方は間違っているから、マネはするな」という意味あいを暗に含んだ「あいつは特別やから」という言葉を、何度聞いたかわからない。

本来であれば、自分自身をどうプロデュースするかは、当人の自由であるはずなのに、「プロ野球選手とはこうあるべきだ」という〝伝統〟にとらわれ、大多数の選手が、目のまえに広がる可能性そのものにまでフタをしてしまっているのが実情でもあるわけだ。

僕がステージで歌うことに対して、「サトさんは変わってるから」、「特別だから」と区別するのは簡単だ。そこで思考停止におちいり、「自分には関係のないもの」と排除してしまえば、「やらない」ことに言い訳が立つのだから、これほど楽なことはないだろう。

もし「歌う」ことが「自分のキャラ」ではないなら、「だったら自分にはなにができるか」を考えるのが、プロとしてのあるべき姿。

ファイターズ・大谷の〝二刀流〟が入団当初は散々批判にさらされたように、自分の手が届きそうにない場所、誰も通ってことのない道へのチャレンジは、つねに逆風のなかでの戦いでもあるのだ。

FOX SPORTS
津住宅
NEXON
22

延長戦

スペシャル対談

里崎智也×塙宣之（ナイツ）

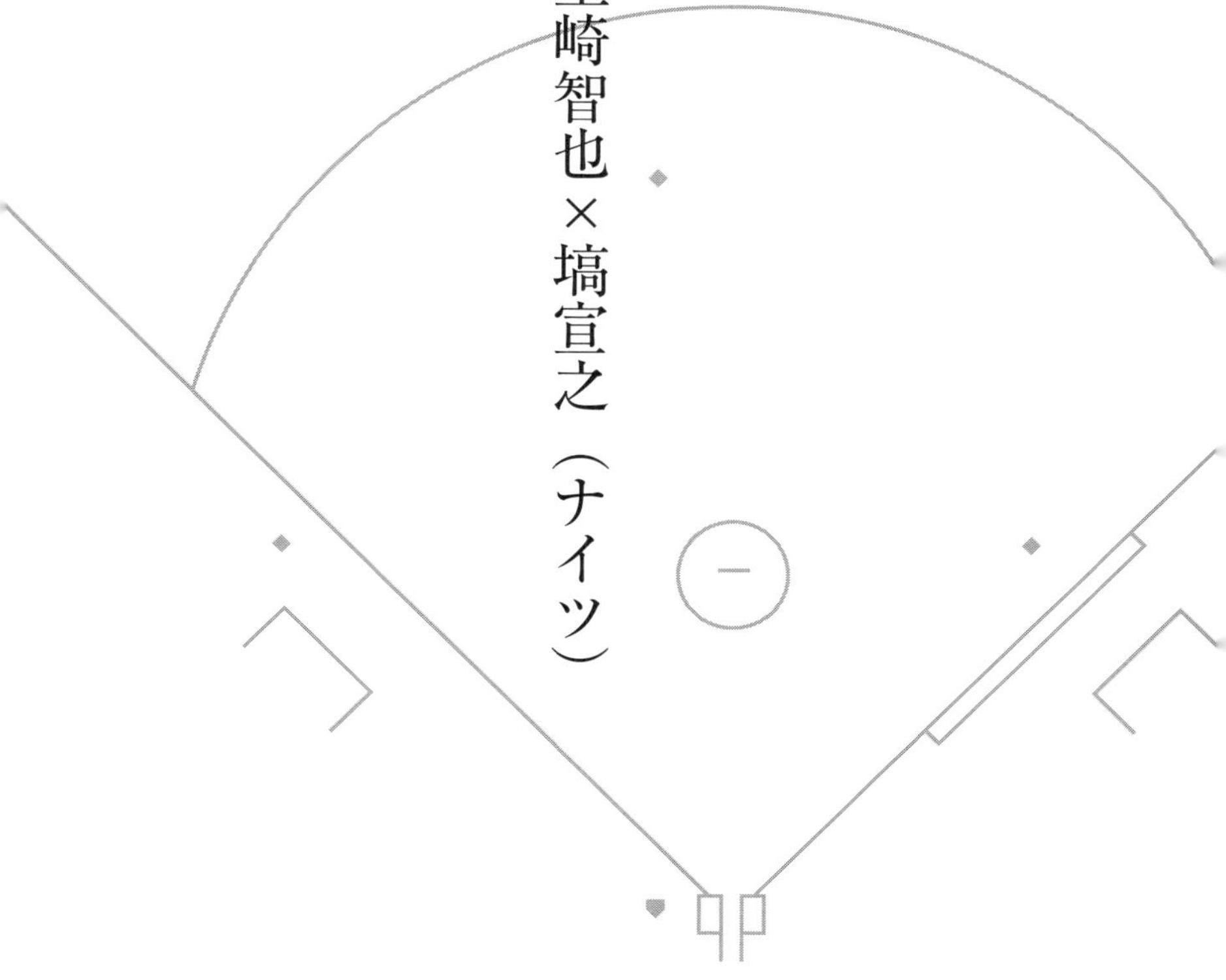

お笑いコンビ『ナイツ』の塙宣之さんは大の野球好きで、著者ともたびたび共演してきた間柄。今回は互いの野球論を語っていただく予定だったが、実際に対談が始まると、プロ野球選手と芸人の思わぬ共通点が浮き彫りとなっていった。

毒舌なのに炎上しない捕手と芸人の共通点

塙　実は僕、里崎さんは自分と同じタイプの人なんじゃないかって、ひそかにずっと思ってたんですよ。物事をなんでもハッキリ言うし、わりと毒も吐いているのに、なぜかそこまで嫌われない。そのへんが僕と似てるなって。

里崎　たしかに、ツイッターで辛辣なことを書いても、せいぜいボヤぐらい。炎上みたいになったことはないですね。

塙　僕もそうなんですけど、やっぱり言いきってしまったほうが、炎上にはなりにくい。しかも、里崎さんの場合は、もし燃えたときのことまで見越して、二、三手先までちゃんと考えてそうですしね。

里崎　考えてますね。自分が追いこまれる可能性があるときはつねに逃げ道は作ってます。僕自身が攻める側ならそんな余地がないくらい、とことんまで追いこむんですけどね（笑）。でも、自分自身が「こう」と思ってることをあえてやんわり言って、あとから自分で「なんかちょっと違うかったな」とかって思うほうが、よっぽど気持ち悪いでしょ。

塙　あー、それ、すごいわかります。僕もけっこう「ここで言わないとおもしろくない」と思っちゃうほうなんで。

里崎　まぁ、あとはしがらみがないっていうのがいちばん大きいんじゃないですかね。僕は高校も大学も、名門校って呼ばれるような学校じゃないから、野球界に先輩がいない。監督・コーチを見渡しても、そういう先輩やロッテのOB自体が少ないから、好き勝手に言えてるっていうところもあるんでね。

塙　この人には言えないって人もいませんか？　僕は若干いますけど（笑）。

里崎　さすがに長嶋さんや王さん、野村さんあたりの〝レジェンド〟な人には言えないですよ？（笑）。でも、それ以外の人には平気で言いますね。

塙　なるほど。僕も口には出さないにせよ、ダウンタウンさん以外のことは、やっぱりどっかで「全然おもしろくないのに、なんで売れてんの？」みたいに思っちゃってるところはありますもんね。

里崎　それが普通だと思いますよ。それに僕の場合は、そもそも好き嫌いで人を見てしゃべってないですしね。嫌いな人もいない代わりに、好きな人もとくにいない。だから、ガンガン言えるんだと思います。もちろん尊敬している人は何人かいますけどね。

塙　わかるなぁ（笑）。でも、スポーツ界とかだと、尊敬もしていない先輩にも無条件でつきあわなきゃいけない、みたいな体育会系特有のノリは、僕ら芸人以上にありますよね？　そういうと

塙 宣之（はなわ・のぶゆき）
1978年3月27日生まれ。千葉県出身。01年にツッコミの土屋伸之とともに漫才コンビ『ナイツ』を結成。内海桂子の弟子として活動を開始する。03年に漫才協団（現・漫才協会）主催の「漫才新人大賞」を受賞。「NHK新人演芸大賞」を獲得し、「お笑いホープ大賞THE FINAL」に優勝した08年からは、「M-1グランプリ」でも3年連続で決勝に進出。「THE MANZAI 2011」では準優勝に輝いた。現在は落語芸術協会、三遊亭小遊三一門として寄席でも活躍する。17年に「第67回 芸術選奨 大衆芸能部門 文部科学大臣新人賞」をコンビで受賞。趣味は、相撲観戦、プロ野球観戦、ドラマ「北の国から」鑑賞。特技はプロ野球の記録を覚えること。

きはどうしてました？

里崎　行ってましたよ。だって、嫌いではないから断る理由もないし、苦ではないですもん。言ってみれば、探究心。その人のことをもっと知ってやろう、分析してやろうって思って行けば、その場は全然楽しめますからね。

塙　それはスゴい。

里崎　たぶん、それが「しんどい」と思う人は、「相手に嫌われたくない」みたいな気持ちが強すぎるんじゃないですかね。ムダに嫌われる必要はないけど、ムリに好かれる必要もない。僕はつねづねそう思ってますけどね。

塙　もはや〝里崎語録〟として自己啓発本が1冊できそうですね。アレ？　でも、コレってそんな本でしたっけ？（笑）。

里崎　いいんじゃないですか。この章はあくまでも〝延長戦〟なんで（笑）。

真剣勝負だからこそ思ったことは口にする

塙　ところで、僕はもともと巨人ファンなので、必然的に巨人戦を観たり、聴いたりすることが多いんですけど、去年とかはわりと辛口の解説者の方とかが、キャッチャーの小林に対して「ミットの位置が低すぎる。だからピッチャーが投げられない」みたいなことを言う場面もけっこうあったんです。そのあたり、里崎さんはどう思われます？

里崎　僕はまったく逆の意見ですね。たぶんその解説の方はピッチャー出身なんだと思いますけど、僕らからしたら、ピッチャーが低めに投げてこられてないから、意図して低めに構えてるだけ。だって、最初からちゃんと低めにボールが集まってるなら、わざわざ低く構える必要なんてないですしね（笑）。

塙　そこにはキャッチャーの言い分だってあるんだぞ、と。しかし、スイッチ入るの、めっちゃ早いですね（笑）。

里崎　現役時代の僕は12球団いち、低く構えることで有名でしたからね。狭い東京ドームなら、不用意な一発を避けるためにも、なおさら徹底して低めに投げなきゃいけない。それを意識づけするためにやってるんだから、キャッチャーからすれば、「文句言うまえにサッサと低めに決めてこい」ってことですよ。

塙　里崎さんの性格からすると、現役時代も、ピッチャーにはそうやって直接ガンガン言ってたわけですよね？

里崎　先輩にも普通に言ってましたし、相手が後輩なら、もうボロカス（笑）。でも、そうやってエラそうなことを言う以上は、こっちがワンバン止められませんでした、では話にならない。だから、そこは死ぬ気で止めにいきましたよ。

塙　言いすぎて、その後の関係がギクシャクしたりすることも？

里崎　こっちも勝負だし、友達づくりに来てるわけじゃないから、それで嫌われるならしょうがないと思ってやってましたね。ただまぁ、あとから思いかえしたときに、卒業してだいぶ経ってようやく昔の先生のありがたみがわかる……みたいな感じになってくれたらいいなっていうのはありましたけどね。

塙　波風立てずにやるよりは、そっちのほうがずっといいですよね。

里崎　結果的に、僕が引退するってなったときには、次の日も試合があったのにファームからも後輩が30人近くが集まってくれてね。マリンをお客さんで満員にしたこと以上に、「あぁ、伝わってたんだな」っていうのが実感できたことのほうがうれしかったですからね。

失敗してもヘコまない強いメンタルの秘訣

塙　あと、コレはすごく聞きたかったんですけど、里崎さんは「リードは結果論」という考え方ですよね。めちゃくちゃ考えて配球したのに、めっちゃ打たれた。そういうときって落ちこみます？

里崎　いや、落ちこまないです。

塙　やっぱり（笑）。僕もどれだけ派手にスベっても全然平気なんですよ。

里崎　それがまた明日の材料になるじゃないですか。今日の反省を受けて、明日はどうやってやろうかっていう。

塙　そうですよね。相方はスベると、自分を否定されたような気分になるらしくて、けっこうヘコむんですけど、僕はいっさい気にならない。ヘンな言い方ですけど、心のどこかで「自分の子どものデキが悪いのなんて、俺だけのせいじゃないし、知ったこっちゃない」って思ってるから、明日また違うネタやればいいやってすぐに切りかえられるんです。

里崎　ダメならやめればいいだけのことだし、たまには遊び心をもって、思いきったこともしていかなきゃ、いつまで経っても自分の引きだしは増えませんからね。そういう果敢なチャレンジを頭ごなしに否定したがる人には「最初からぜんぶうまくいく方法があるなら教えてくれよ」って言いたいですよ。

塙　それはお笑いの世界も同じです。ただ、それをやれる人とやれない人っていうのは、現実問題としてやっぱりいると思うんですよね。で、結局、やってみた人にしかその気持ちはわからない。

里崎　そうですね。本文中にもちょっとふれているWBCのときのインコースのストレート一辺倒の配球なんかは、まさにそのパターン。あとは、シーズン中とかだと、試合の大勢には影響しない場面で、ピッチャーの不得意なボールをあえて延々と投げさせる、みたいなこともよくやってましたね。

塙　いったい、なんのために（笑）。

里崎　もちろん練習させるためですよ。ブルペンでいくら練習していても、試合で投げられなかったら意味がないですし、それで実際に打ちとれたら、自信にもなる。だから、こっちがリードしていて、2アウトランナーなしの場面とかでは、ピッチャーが首を振ってきても、あえて無視（笑）。打ちとるまでひたすら同じサインを出しつづけたこともありました。当然ながら、それでこっちが痛手を負う可能性だってなくはない。でもそこで、ただただ根をつめて必死にやったっておもしろくはないですしね。

塙　それはもう完全に芸人の発想。めちゃくちゃおもしろいと思います。

なにかに思い悩んでも“一生懸命”を正当化しない

塙　ちなみに、里崎さんは後輩から相談を受けたときなんかはどうされてました？

里崎　相談してくるのは、基本的にピッチャーが多かったですけど、まずはとにかく見てあげてましたね。試合中はもちろん、ロッカーでの過ごし方や、彼女や家族とうまくいってるかまで、あらゆる事柄をぜんぶふまえてから、「こうしたらいいんじゃないか」っていう僕なりのアドバイスをしてあげる。相談なんてものは、悪いときにしかしてこないわけだから、本人の“いいとき”をちゃんと知っておいてあげようっていうのは、つねに意識としてありました。

塙　そうですよね。ただ、プロにまでなるような選手は、小中高と死ぬほど練習もしてきてるっていう大前提があるからまだいいですけど、これが芸人になるとすごく厄介で（苦笑）。ネタもロクに作ってないようなやつに、「向いてないんでしょうか」って聞かれても、ぶっちゃけこっちは答えようがない。まず1ヵ月に10本とかでもネタ作ってからまた来てくれ、としか言えませんからね。

里崎　わかりますよ。そういうやつにかぎって、「一生懸命やってるのに」とか言うんですけど、一生懸命やってないやつがいたら、逆に呼んできてくれ、と思います。もっと大げさに言ったら、一生懸命じゃなくても全然いいから、とりあえず結果出してって（笑）。

塙　そういうことですよね。「もっとがんばれ」とか、精神論でしか返せないから、いつも困ってたんですよ。

里崎　過程なんて誰も評価してくれませんし、やり方なんて人それぞれ。1万人いたら1万とおりのやり方があるわけだから、そこでなにを選択しようといいんですよ。重要なのは、自分にあった、もしくは自分にできる選択をして、結果に結びつけること。それもできないうちから、「がんばってる」とか「一生懸命やってる」とか自分で口にするやつは、そこまでなんだと思います。

塙　いやぁ、今日は里崎さんとお話できてよかったですよ。最後のほうは芸人とプロ野球選手を同じ土俵で語ってしまって、なんだか申し訳ないですけど。

里崎　そんなことないですよ。まぁ、とにもかくにも、「一生懸命」のレベルは全員が一緒なわけじゃないってことですよね。〝10〟しかやってないのに「やってる」っていうやつもいれば、〝1000〟やっても「まだまだ足りない」っていうやつもいる。だから、どんなときでも「自分は一生懸命である」ってことを正当化しちゃダメなんです。

塙　どんな手を使っても、結果を出したやつが最終的にはエラいわけですしね。

里崎　そうそう。使えるならコネでもなんでも使って、出せるうちに結果を出す。結局、それしかないですからね。

おわりに

ＳＮＳやブログといったインターネットツールが発達した現代は、言ってみれば誰もが〝評論家〟になれる時代。かつては野球中継を観ているお茶の間で飛び交うだけだった監督気分のダメ出しが、試合のたびに個々人から一斉に外へと発信されているのだから、すごい世のなかだとつくづく思う。

とはいえ、文句を言うのは、誰にだってできること。誰もが〝評論〟できる土壌がせっかくあるのだから、ただ批判の応酬をするだけでなく、そこで生まれた新たなアイデアが現実の世界を変えるぐらいのことが起きてもいい。

16年シーズンに大きな話題となったコリジョンルールにしたって、条件反射的になされる「賛成」「反対」の表明のほかに、それぞれが「自分の考えはこうだ」という代替案を提示していれば、議論はより深まったと思うのだ。

本書に書かれていることは、まるっきり僕の主観でしかないが、そういった主観をもとに、メリット・デメリットを明確にした建設的な意見を出しあえて初めて、よりよい考えやルール、制度づくりは進んでいくもの。当の僕自身にしても、なんの根拠も示されないまま「里崎はなんにもわかってない。見る目がない」と言われるより、「里崎はこんなことを言ってる。でも僕はこう思う」と言われたほうが〝評論〟のしがいもあるというものだ。

ツイッターであれば、意見を募るようなハッシュタグをつくって、それを拡散させることで大きなムーブメントにすることもできるはずだし、いま現在でもヘタな解説者より影響力をもつ個人ブロガーだって少なくない。

だからもし本書を読んで、さらなる〝異論〟を唱えたくなったときには、ぜひ一緒に「自分はこう！」という自己主張もしてほしい。そうした前向きな議論こそが、よりよい球界の未来を拓く力になっていくのだと、僕は思う。

里崎　智也

里崎智也

（さとざき・ともや）

1976年5月20日、徳島県生まれ。鳴門工（現鳴門渦潮高）、帝京大学を経て、98年のドラフト会議で、千葉ロッテマリーンズを逆指名して、入団。03年に78試合ながら打率3割をマークし、レギュラー定着の足がかりをつくる。05年は橋本将との併用ながらも、日本一に貢献。06年にはWBC日本代表として世界一にも輝いた。持ち前の勝負強さで数々の名シーンを演出。00年代の千葉ロッテを牽引した〝歌って、踊って、打ちまくる〟エンターテイナーとして、ファンからも熱烈に支持された。14年限りで現役引退。現在はプロ野球解説者・評論家を務める。

構　成　鈴木長月

ブックデザイン　鈴木ユキタカ／うえさかあらた（株式会社コイグラフィー）
イラストレーション　横山英史
編集協力　一木大治朗、横山由希路
対談写真　魚住貴弘
写　真　時事通信、Getty Images
編　集　滝川 昂（株式会社カンゼン）

捕手異論

一流と二流をわける、プロの野球『眼』

発行日　2017年5月26日　初版

著　者　里崎 智也
発行人　坪井 義哉
発行所　株式会社カンゼン
〒101-0021
東京都千代田区外神田2-7-1 開花ビル
TEL 03（5295）7723
FAX 03（5295）7725
http://www.kanzen.jp/
郵便為替 00150-7-130339
印刷・製本　株式会社シナノ

ISBN 978-4-86255-349-2
Printed in Japan
定価はカバーに表示してあります。

ご意見、ご感想に関しましては、kanso@kanzen.jpまでEメールにてお寄せ下さい。
お待ちしております。